¿Por qué danzan los arqueros?

5000 Km tras la prehistoria y los lugares de poder

Autora: Lorena B.C.

Ilustraciones: Giuseppe Berardi

1ª edición: Abril 2017

©2017, Lorena B.C.

©2017, Ilustraciones y diseño de portada: Giuseppe Berardi

ISBN: 978-1545011249

www.viajesalaprehistoria.com

A Giuse,
por acompañarme en cada uno de nuestros
Viajes a la Prehistoria

Índice

Reflexión inicial

Existen muchas formas de entrar en contacto con el mundo de las cuevas, pero en mi caso, no estudié la cueva y luego la visité, sino que encontré la cueva por casualidad y ella me invitó a conocerla y estudiar el apasionante, enigmático y desconocido mundo de la prehistoria. Por tanto, mis ojos, fueron como los del niño que observa por primera vez el mar, sin contaminación, sin teorías, sin hipótesis, sin juicios y prejuicios. Puro fue nuestro primer contacto. Ella y yo en la más absoluta soledad. En el silencio de la naturaleza, me abrazó, me acogió y aunque hoy, después de cuatro años, desde que comencé a escribir mi libro, sé mucho más de lo que sabía cuando la conocí por primera vez, y mucho menos de lo que saben los expertos, nada, borrará de mi mente nuestro primer encuentro, más allá de todo cuanto he aprendido después.

Tras aquella experiencia descubrí, que si quería comprender el mundo, tenía que regresar a los orígenes. Por ello, querido lector, le aconsejo que antes de seguir leyendo estas páginas, salga al monte, en la soledad de una mañana soleada, y se deje llevar por lo que la naturaleza esté dispuesta a ofrecerle, sin esperar nada a cambio, sin objetivos, sin promesas, sin intenciones, únicamente con la mente en blanco, dispuesto a absorber, todos y cada uno de los pequeños secretos que la madre tierra tiene para usted.

A mis lectores

No puedo comenzar mi libro sin dejar pasar la oportunidad de dirigirme al primer lector que tome estas páginas (cargadas de sentimientos, sueños, aventuras, pensamientos y una sublime emoción solo comparable con la sensación que sintió aquel primer hombre o mujer, en el 10.000 a.C. en pleno final de la última glaciación, y en pleno advenimiento de un cambio de conciencia que duraría hasta nuestros días), sin mirarle con los ojos del no-tiempo y responderle a la pregunta que yo misma me hice antes de comenzar.

¿Por qué en pleno siglo XXI, en medio de androides y supertecnologías, alguien decide que ha llegado el momento de regresar al pasado? ¿De volver a la prehistoria, en medio del caos globalizado y aplastante de un sistema de mercados que nos ahoga, nos estruja y nos aniquila como especie en libertad de pensamiento, obra, sueño e imaginación?

Precisamente es la soga al cuello del caballo, la que le obliga a tirar fuertemente y dar patadas, hasta que consiga liberarse de la opresión de su amo, para correr, por las llanuras del viento en plena libertad. Entrando en comunión con la esencia de la vida, con la naturaleza perpetua de la conciencia, del ser uno con la tierra, con la especie y consigo mismo.

Como el hombre del Mesolítico, protagonista indiscutible del mayor cambio de conciencia que ha sufrido el ser humano a lo largo y ancho de su existencia. Ser consciente y tomar conciencia de su propia existencia, de su antropocentrismo, más allá del entorno y cosmogonía que le rodeaba y por la que sobrevivió durante tantos miles de años.

La añoranza de días pasados, me obliga, con amor, respeto, constancia e ilusión, a embarcarme en una aventura maravillosa. Mis dedos, en ocres, naranjas, rojos y carboncillos, se visten de colores mediante la utilización de pasteles, tratando de imitar sobre lienzos de papel, aquellos animales, antropomorfos y hombres y mujeres en actitudes de caza, danza o recolección. Universos simbólicos que un día formaron parte de nuestros antepasados. Tratando de ver y entender su significado, a partir de cada trazo, mientras entre línea y línea de mi libro, hoy por fin terminado, trazo manos en negativo, o relleno las paredes de mi estudio con la fiereza todavía viva de los bisontes de Altamira.

Volver a la prehistoria se ha convertido en una necesidad, descender a la cueva un reto, escalar paredes de roca caliza para observar el solsticio de invierno, una victoria y permanecer en la más absoluta oscuridad y en el silencio de una cueva apenas visitada, el deseo sobrenatural de un espíritu que busca a Dios, en plena Naturaleza. En el útero de la madre tierra deseo refugiarme. Y sentir el miedo y la protección. Y sentir la iniciación del espeleólogo que vence sus miedos con la fuerza de voluntad, el alma y el espíritu aventurero del que nunca se rinde, del que siempre busca, por qué para eso ha venido, para responderse a sí mismo, ¿quién es?, ¿de dónde viene?, y ¿cuál es su lugar en esta vida?. Conocerse a sí mismo, a través de la prehistoria, es regresar al origen, limpiar el cuerpo de fetichismos e inventos, desnudar el alma frente a las cuevas pintadas y las sombras del fuego de la caverna, sentir el calor y envolverse en las mantas de la vida, de la auténtica vida. En la cuna del origen del hombre. La guarida del hombre prehistórico.

INTRODUCCIÓN

En un recóndito lugar de la provincia de Valencia (España), alejado del mar e inmerso en un paisaje imitando un *embudo extrasensorial*[1], se encuentran los Charcos de Quesa, exactamente a siete kilómetros de la población que le da su nombre.

Queixen o Quesa en la actualidad, fue en su origen, una población fundada por los árabes, que establecieron sus asentamientos en este enclave privilegiado a 220 metros de altitud, antes de su expulsión por el Rey Jaime I entre el 1229 y 1248.

"El Castillo situado al este de la ermita de la Cruz, es la principal evidencia de que el pueblo fue uno de los últimos núcleos de población árabe de Valencia. Dicho Castillo se asienta sobre un terreno rocoso y escarpado, y sirvió como torre de vigilancia. Su origen es evidentemente musulmán y su construcción se remonta a los primeros siglos del segundo milenio. Los lienzos de la muralla que todavía se observan, adivinan lo que en su día fue el torreón y la torre vigía, así como el aljibe que preside el patio interior, esculpido en la roca y que abastecía de agua a los que buscaban refugio en la fortaleza[2]."

Ya por aquel entonces, aquellos hombres de origen árabe y que venían del desierto, procedieron a bautizar la población como azotada por los vientos de poniente, haciendo

---

[1] **Embudo extrasensorial:** Término inventado por la autora que viene a describir la sensación de aislamiento que siente el visitante, cuando se encuentra en medio del cañón, camino del Abrigo del Voro, y se siente absorbido por todo cuanto le rodea, como el agua que discurre a través de un embudo.
[2] Ayuntamiento de Quesa. Comisión de Turismo. www.quesa.es

referencia a la continua energía del elemento aire que recibían sus tierras, ríos y cordilleras.

Aquellos hombres sabios, eran plenamente conscientes de dónde se ubicaban, ya que su proximidad a los afluentes del río Júcar, fue más que notable. Una referencia de esta especial característica, la encontramos en el libro Lugares de Poder, del escritor e investigador Juan Ignacio Cuesta Millán[3], donde se detallan aspectos de la sabiduría de los árabes en la época de su máximo esplendor (786-809). Conocimientos aplicados para la localización de las corrientes interiores de agua o superficiales, que con su poder, afectan al entorno inmediato. Por esta razón y debido a que los árabes vivieron muchos años las intensas sequías del desierto, quedaron dotados de un sentido especial, para la localización de las aguas y la posterior construcción de canales misteriosos para el regadío, la salud, el placer de los sentidos y la ubicación de recintos místicos.

En palabras textuales del autor:

"El pueblo árabe, que experimentó la sed en las arenas del desierto, supo precisamente por esta carencia, encontrar las energías latentes en el agua, y rendirles el culto merecido, a la vez que aprovecharlas con racionalidad".

Ya sus antepasados Persas, en la época del rey Darío el Grande (s. 521 a.C.) fueron capaces de construir todo un entramado de canalizaciones para poder cultivar y asegurar sus cosechas en la antigua Persia. Canales que fueron imitados por civilizaciones posteriores de todos los tiempos.

Pero mucho antes que ellos, nuestros antepasados prehistóricos escogieron la extensa cordillera ibérica para

---

[3] JUAN IGNACIO CUESTA MILLÁN. Lugares de Poder, los enclaves donde el hombre transciende. Nowtilus, Madrid, 2003. Colección la puerta del misterio.

celebrar sus más importantes rituales, sacrificios, fiestas y celebraciones, en el ámbito de la magia, la sacralidad, el chamanismo y las danzas a los dioses.

Los Charcos de Quesa sería uno de estos singulares lugares. Y es que motivos no le faltan para que el recién llegado, comience a sentir y vibrar en compañía de las energías naturales reinantes a cada paso.

IMPRESIÓN SUBLIME

No llevábamos ni media hora de camino, cuando mis pies se pararon en seco. Mis sentidos se agudizaron y mis ojos miraron a lo alto y ancho de aquel lugar. El vello de mis brazos se erizó y un sutil escalofrío recorrió cada centímetro de mi espalda. En ese momento, un único pensamiento me sobrevino: "Se nota que aquí no ha llegado la mano del hombre moderno".

Lorena BC

Ilustración: Giuseppe Berardi: "Charco del Chorro, Quesa"

LA CIENCIA:

Prehistoria, arqueología, hipótesis, viajes, preguntas sin respuesta, más preguntas y opiniones contrastadas

CAPÍTULO 1
El que busca encuentra

Donde hay agua, hay vida. Donde el sol acompaña al agua con su calor, hay cosechas y frutos. Donde el viento sopla hay fecundación. Y donde la tierra se abre, nacen hijos sanos.

O algo parecido debieron pensar los árabes y los hombres y mujeres del paleolítico superior y/o mesolítico, al aproximarse a estas mágicas tierras al sur de Valencia, cuando hace aproximadamente 8000 años (o 7000 según las opiniones de otros investigadores) decidieron elegir como lienzo para una de sus representaciones pictóricas, el hoy conocido como Abrigo del Voro (declarado Patrimonio de la Humanidad por la UNESCO).

Fue bautizado así, haciendo honor al nombre de su descubridor: Salvador Gómez Benllod, tras una decisión de sus compañeros de prospección, entre los cuales se encontraba José Aparicio, (a quien se dedican unas páginas más adelante), miembro del SIP antiguo Servicio de Investigación Prehistórica de la Diputación Provincial de Valencia, dirigida por D. Domingo Fletcher Valls.

Sería el dos de septiembre del año 1972, cuando Salvador, aficionado a la arqueología, saldría de su casa con la intención de encontrar pinturas en la zona de los Charcos de Quesa, tras haber informado al SIP[4] con antelación. Y vaya si las encontró. Situado a 700 metros de altura, a la sombra del Macizo del

---

[4] **SIP:** Servicio de investigación prehistórica de Valencia, que se crea en el año 1927 en el seno de la diputación de Valencia. Nació como institución científica dedicada a la investigación, conservación y divulgación del patrimonio arqueológico valenciano.
Fuente:https://es.wikipedia.org/wiki/Servicio_de_Investigaci%C3%B3n_Prehist%C3%B3rica_de_Valencia.2015.

Caroig y a 5 Km. de la entrada al sendero de los charcos *PR-CV 203, en ruta por PR-CV 204,* este abrigo natural guardaba, cual tesoro inmaculado, una de las representaciones pictóricas más importantes del Arte Rupestre Levantino, correspondiente al parecer, al periodo Mesolítico (época de transición entre el Paleolítico Superior y el Neolítico, tras el cual se aventuran sorpresas, debates y controversias muy interesantes) ya que además de presentar escenas de caza tradicionales, aparentemente muestra una danza de arqueros, que adornan sus cuerpos con plumas, tocados, pulseras, cinturones y recipientes naturales. Además de llevar consigo arcos y flechas.

"En apenas unos 20 metros de longitud, con una altura entre 1,50 y 2 metros de altura e idéntica profundidad, el Abrigo del Voro, conserva medio centenar de pinturas de estilo levantino, (...) interpretándose por los especialistas como una danza ritual.[5]"

---

[5] MAURO S. HERNÁNDEZ PÉREZ y RAFAEL MARTINEZ VALLE. Museos al aire libre. Arte Rupestre del macizo del Caroig. Asociación para la promoción socio económica de los municipios del Macizo del Caroig. 2008.

Los abrigos de piedra

"Las cavernas han representado para el hombre el primer refugio, el ambiente en el que por primera vez se ha sentido protegido y seguro."

Ghian Maria Ghidini (Hombres, cavernas y abismos)

Tras muchos milenios resguardándose en el útero de la madre tierra, en el interior de inmensas cuevas, grutas y pasadizos intrincados, los primeros hombres y mujeres de la humanidad, deciden abandonarlas o son obligados a ello por circunstancias que hoy todavía se desconocen, aunque muchas son las hipótesis que se han planteado al respecto desde la aparición de las primeras pinturas rupestres, arte mueble y restos arqueológicos hasta la actualidad.

Nuestros antepasados pudieron trasladarse a las montañas de levante y refugiarse en oquedades naturales, abiertas a la luz del sol y que hoy conocemos con el nombre de abrigos. Sus caprichosas formaciones las encontramos por doquier, a lo largo y ancho de las cadenas montañosas de las tierras valencianas. Una de estas formaciones sería el Macizo del Caroig, "extensa plataforma carbonatada que se desarrolla al sur de la mancha y en la zona interior de la llanura litoral de Valencia (...) donde se encuentra (...) encajada una red fluvial que estructura el río Júcar (...) vertebrador en este territorio (...) enmarcado al norte por la Sierra del Caballón, Sierra del Ave, Sierra de Martes y Muela de Albéitar y al sur por el Caroig, Muela de Cortes y Charcún."[6]

---

[6] XIMO MARTORELL BRIZ. Arte y territorio en el Río Grande. (La canal de Navarrés, Valencia). Área de Prehistoria. Universidad de Alicante.

Así mismo "el sistema orográfico configura la estructura de los barrancos afluentes (...) Falón, Malet, el Chorrico, (...) el Barranco Moreno o la Rambla Seca y el Río Grande."[7] Este último "convertido en referente para el estudio de las pinturas rupestres".[8]

Ilustración: Giuseppe Berardi: "Abrigo del Voro, Quesa"

---

[7] XIMO MARTORELL BRIZ Op.cit.
[8] XIMO MARTORELL BRIZ.Op.cit.

La garganta del diablo

"Con tan solo imaginarme en lo alto de aquellos montes, apenas transitados por los seres humanos, mi corazón empieza a palpitar y mi vista comienza a nublarse. Algo que surge de lo más hondo de mi interior, se apodera de cada uno de mis músculos, se apropia de mi alma y de mi espíritu y de repente mi cuerpo se para en seco. Un paso más y todo cuanto soy, estará expuesto al infernal barranco que tengo bajo mis pies. Aquel salto al inframundo es como una enorme grieta que quisiera tragarme. Mi respiración se acelera y no puedo seguir. Sollozar es mi último aliento y el miedo se apodera de cada una de las lágrimas que corren por mis mejillas. Un paso más, y la muerte acechando saldrá a mi paso, como jinete en la noche más oscura. Haciéndose eco de mi temor, sonreirá sarcástica, mientras cada una de sus lenguas serpenteantes lamerán la sal de mis heridas, y en la infinitud del no-tiempo, pereceré en la garganta del diablo"

Lorena B.C.

Parajes de Quesa

Pueblos de Quesa desde la carretera

Embudo extrasensorial 1, Quesa

Embudo extrasensorial 2, Quesa

Barranco en Charcos de Quesa

Barranco Moreno

Barranco Quesa

Fotografías de la autora

Los abrigos

Los abrigos rocosos son como las cuevas, pero poco profundos. Ambos son producto de la acción del viento y del agua sobre las rocas calizas o calcáreas, formadas principalmente por carbonato cálcico, un mineral muy abundante en las capas superficiales de la corteza terrestre. Las lluvias y la erosión hacen el resto. Un estrato de roca como la arenisca, resistente a la erosión y el desgaste forma un primer acantilado, pero un estrato más blando, queda por debajo y corta el acantilado. Se encuentran en macizos de roca caliza, en contextos kársticos[9], donde se excava la roca por la erosión de las heladas y el deshielo.

"El aspecto de estos paisajes, es debido a dos acciones diferentes: la acción telúrica, más antigua que ha levantado y fracturado los estratos, y la acción más reciente del agua meteórica, que se ha introducido por las hendiduras, excavándolas, ensanchándolas y desmenuzándolas. Además de la erosión, las aguas subterráneas, provocan otro efecto, el de corrosión, acción química que tiene como resultado la disolución y desmenuzamiento gradual de las calizas."[10]

Pero más allá de las formaciones rocosas, existe una pregunta que todos nos hacemos cuando comenzamos a adentrarnos en el maravilloso y enigmático mundo de la prehistoria.

---

[9] **Kárstico:** Es el paisaje en el que con mayor frecuencia se encuentran cavernas, antros, simas, sumideros y grutas: y como estos fenómenos eran muy frecuentes en una región de la Istría llamada Karst, donde primeramente fueron estudiados, se ha adoptado internacionalmente el término de paisaje Kárstico, para indicar el conjunto de estas características geomorfológicas. GIAN MARIA GHIDINI. Hombres, cavernas y abismos. Vicens-Vives. Barcelona. 1964.

[10] GIAN MARIA GHIDINI. Hombres, cavernas y abismos. Vicens-Vives. Barcelona. 1964.

Han pasado aproximadamente 30.000 años, según las nuevas dataciones (por el método de uranio-torio)[11] desde el periodo de las primeras pinturas encontradas en la Cueva de Monte Castillo (Cantabria), hacia el 40.000 a.C. hasta la representación de la danza de nuestros arqueros. Ellos, los últimos habitantes de las cuevas del norte de España deciden marchar. Algo o alguien decide que ha llegado el momento. 30.000 años les preceden y un día, se marchan, sin más. Sin rastro alguno, más que sus pinturas, la industria lítica y ósea y los restos humanos que se han encontrado en el interior de las cuevas y su entorno inmediato. Pero preguntas como ¿cuántos eran?, ¿qué edades tenían? o ¿a dónde se dirigían?, no dejan de venir a mí mente una y otra vez. Y lo más importante: ¿Por qué? El segundo gran misterio de todos los tiempos y de todas las edades después de la creación del mundo y de la evolución, radica en ellos. Protagonistas de todos los tiempos. De todas las culturas y de todo lo que hoy consideramos los pilares de nuestra existencia, radica en esta única y última decisión: La partida.

---

[11] **Método de Uranio-Torio:** La datación uranio-torio, también llamada datación torio-230, datación por desequilibrio de series de uranio o datación por series de uranio, es una técnica de datación radiométrica comúnmente utilizada para determinar la edad de materiales formados por carbonato de calcio, tales como espeleotemas o corales. A diferencia de otras técnicas de datación radiométrica comúnmente utilizadas, como las de rubidio-estroncio o uranio-plomo, que datan la acumulación de un miembro final estable producto de la desintegración, la técnica del uranio-torio no lo hace. En lugar de ello, la técnica de uranio-torio calcula una edad desde el grado en que equilibrio secular ha sido restaurada entre el radiactivo isótopo torio-230 radiactivo y su padre uranio-234 dentro de una muestra.

Fuente: http://es.wikipedia.org

RELATO I

LA ÚLTIMA NOCHE ANTES DE LA PARTIDA

Hace 10.000 años, el silencio dejó paso al primer rugido de los tambores. Seco y rudo. Desafiante. Mientras todos estaban en pie, la sombra del viejo chamán apareció tras la gran roca. Tras muchos días sin caza, sus cuerpos estaban débiles por la falta de alimento. Todo resto de comida se había helado tras la última glaciación. En su guarida, apuran los restos de comida almacenada en la que será la última gran noche, en el interior de la cueva. Todos los clanes se han reunido. Las últimas familias supervivientes no quieren rendirse.

No quieren desaparecer tras muros de piedra. No temen a la muerte. Pero quieren perpetuar su especie. Salvar a sus hijos de la extinción.

Las fuerzas, que día tras día les habían abandonado, se unifican para el canto final. El último ruego por la vida. La última lágrima por el lugar que durante tantos años fue su hogar. La última ceremonia por su salvación. La última danza por la libertad.

Los cantos de las mujeres retumban en las oquedades de la cueva, mientras la mano del primer artista de la humanidad traza sobre la gran roca, las primeras líneas del último gran hombre-bisonte. El recuerdo y el homenaje a su chamán. A su protector. A su salvador. Al que ve, donde nadie puede ver. Al que habla con los espíritus de los muertos y con los hombres del futuro.

Al que les conducirá por el devenir de los tiempos para que no muera la especie humana.

En su trance, el chamán, nos ve y nos saluda. Nos grita desde la distancia y el no-tiempo. Sonríe y se alegra. Somos diferentes pero iguales en su esencia. Seres humanos. Somos sus descendientes. Y en su júbilo, deja su impronta sobre la piedra. El ocre rojo soplado sobre sus manos. Y su recuerdo, en la memoria de los que partirán a la mañana siguiente. Porque él es el guardián de la cueva. Él es, el brujo de todos los tiempos. Él es, el último chamán. El que se quedará protegiendo la cueva, y los recuerdos. Y esta cueva, será su último hogar. Esta es su decisión. Este su sacrificio. Por los suyos, dará su vida. Porque el chamán, no tiene miedo a la muerte. Porque el chamán, no teme el mañana, porque él será, el último hombre-bisonte.

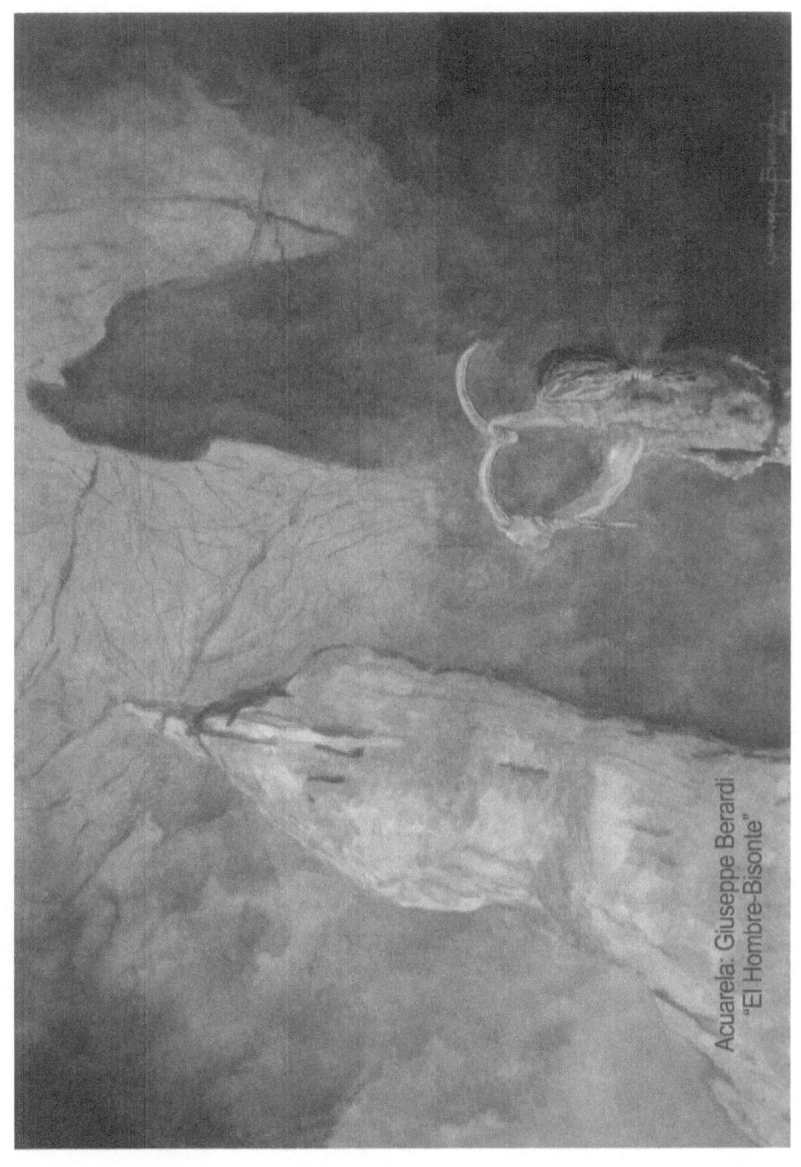

Acuarela: Giuseppe Berardi
"El Hombre-Bisonte"

La travesía

Ataviados con sus enseres y con la mirada al cielo, aquellos valientes descendieron las montañas, cruzaron ríos y atravesaron precipicios. El frío y el hambre dejaron a muchos en el camino, pero las fuerzas de comenzar una nueva vida, tras dejar atrás su territorio, no les abandonaron. La primavera estaba próxima y el deshielo dejaba paso a los primeros brotes verdes y a unos hermosos y cálidos rayos de sol al amanecer. Divisar animales[12], que como ellos hubiesen quedado atrapados en aquellos fríos no fue fácil, pero consiguieron sobrevivir con lo mínimo, hasta que los más intrépidos caminantes, divisaron desde las alturas el nuevo mar, por donde el sol acariciaba las aguas y el horizonte de la mañana, mientras doraba la tierra y derretía las nieves."

Han pasado 2000 años desde la partida, y nuestra tribu, junto con otras tribus ocupan todo el territorio del levante español. Hace 8000 años, un grupo de hombres y mujeres como nosotros, habitó abrigos y cuevas, dejando su impronta en las paredes rocosas.

Estos grupos humanos representan con óxido de hierro, animales de la zona, caza, algunas especies vegetales y diferentes símbolos imposibles de interpretar hoy, debido a la falta de ningún registro con respecto a su significado. Pero lo más importante, es que estos hombres y mujeres, se representan a sí mismos o a su grupo de iguales en sus pinturas.

---

[12] Un estudio reciente de la Universidad de Cantabria afirma que los ciervos emigraban por el frío hace 22.000 años. Y científicos del Museo Natural de Suecia, han publicado en el **"Proceecings of the Royal Society B"**, que el frío glaciar pudo ser el causante de la desaparición del Mamut Lanudo. Más allá de las anteriores teorías que acusaban la caza indiscriminada del hombre prehistórico como factor determinante.

En nada se parecen estas pinturas a las de hace 20.000 años. En nada salvo en su lienzo (paredes rocosas de cuevas y abrigos), en sus materiales (ocres y óxido de hierro), y en que ambas poseen significaciones simbólicas que para el hombre de hoy todavía son el gran enigma de la humanidad que nos precedió.

Si durante 30.000 años representaron las mismas figuras en cuevas de Francia y España, y de repente, dejan este tipo de pinturas para empezar a representar figuras totalmente diferentes, se me ocurre una gran pregunta:

¿Fueron nuestros arqueros los descendientes de aquellos que un día abandonaron las cuevas del norte, o por el contrario hablamos de grupos humanos totalmente dispares y diferentes? Y si es así, ¿dónde fueron los últimos habitantes de las cuevas? O ¿Por qué ya no pintaron más? ¿Por qué ya no pintaron de la misma manera? ¿Desaparecieron? ¿Se extinguieron? Entonces, ¿quiénes son nuestros arqueros? ¿De dónde vinieron? Y lo que resulta más enigmático de todo ¿Por qué pintaron las paredes y abrigos si jamás tuvieron contacto con los habitantes de las cuevas del norte?

Por otra parte mientras el Homo Sapiens todavía no habían llegado, lo Neandertales ya estaban habitando estas tierras. Y seguramente convivieron ambos grupos humanos, pero no tenemos rastro de pinturas como las del norte, de momento. Porque la aparición de pinturas similares en tierras valencianas, podría responder a incógnitas todavía sin resolver.

Algunos autores como Javier Ros, interpretan este cambio drástico en el arte rupestre del Paleolítico Magdaleniense al Arte Levantino de la siguiente forma:

"Mi idea básica para los periodos transitorios, es que los mitos no se pueden crear a plazos, a intervalos. Los mitos se crean cuando son necesarios y "de la noche a la mañana" y junto a ellos, nuevos símbolos. Lo que nunca sabremos y los investigadores deben asumir, es quién fue el último pintor del magdaleniense y el primer pintor de la era postpaleolítica (...) las transiciones se hacen pausadas, y algunos lugares sagrados del paleolítico, seguían siéndolo incluso en los inicios del mesolítico (...) a pesar de representar nuevos símbolos, seguían respetando y venerando "los antiguos santuarios" (...) en algunos lugares del mundo pensaban que esas pinturas las realizaron en "la edad del sueño" unos seres fantásticos que, a la postre, fueron los creadores del mundo".[13]

A propósito de éste último comentario de Javier Ros, podemos añadir, informaciones recientes a cerca de la hipótesis recogida en una publicación de la Nasa, en la que se empieza a plantear la posibilidad de que algunas de las primeras pinturas, hubiesen sido hechas por seres "extraterrestres", que hubiesen venido en el principio de los tiempos. Pensar en ello, respondería a muchas de las incógnitas que han desvelado a historiadores y arqueólogos, pero ese, es otro tema.

Otros investigadores como el propio Aparicio, defienden la territorialidad de los hombres del pasado y la escasa posibilidad de que estos emigraran de tierras del norte hasta el levante, pues eran muchas las diferentes tribus que encontrarían a su paso, y no resultaría agradable estar en guerra con los vecinos, todos los días. Al mismo tiempo, también defiende la idea de que tampoco los animales emigrasen muy lejos, a causa del clima, y si lo hicieron, fue de

---

[13] JAVIER ROS. ¡Mira Papá, bueyes!. ISBN: 978-84-614-9714-0

forma muy lenta, hasta que el frío o el hambre les hicieron desaparecer.

Para Aparicio, en cada territorio, estaríamos hablando de personas diferentes, de núcleos distintos, que residían en un amplio territorio, pero sin grandes migraciones[14], como nos gustaría pensar y soñar en ocasiones.

"La mayor parte de los seres vivos, están sujetos a un territorio y se rigen por el principio o ley de territorialidad que determina sus relaciones. (...) si lo traspasa, entra (...) en el de otro grupo, que ya no es el suyo (...) es el de subsistencia y se define como el mínimo necesario para proporcionar los recursos vitales (...) el individuo se adapta al mismo. Progreso tecnológico, cultura y civilización han ocultado, que no anulado estas leyes. (...)."[15]

Tanto el tema de las migraciones como las razones de la llegada de los hombres del pasado, su evolución o desaparición, son preguntas, dudas e hipótesis para las que la prehistoria y arqueología todavía no tiene todas las respuestas, pues como decían los escritores e investigadores que me han precedido, y me uno a ellos en sus valoraciones, mientras yo escribo estas letras, nuevos avances aparecen en el horizonte de cada nuevo día y al término de este libro, quizás un descubrimiento revolucionario, nos de las claves, a uno de los mayores enigmas de la humanidad: La Prehistoria.

---

[14] **MIGRACIÓN:** traslado masivo o constante de seres vivos de unos lugares a otros. Generalmente son traslados de largo recorrido, no considerándose como tal los cortos traslados estacionales dentro de la propia área de subsistencia. JOSÉ APARICIO. Serie popular 12. Viaje al patrimonio histórico-artístico y arqueológico (tangible o intangible). Pág. 194.
[15] JOSÉ APARICIO. Serie popular 12. Viaje al patrimonio histórico-artístico y arqueológico (tangible o intangible). Pág. 194.

Forma parte del hombre hacerse preguntas, y también tratar de responderlas. Quizás nunca sepamos la razón. O quizás el día menos pensado, alguien tenga escrito en su destino, el hallazgo de la clave de nuestros antepasados.

Muchos somos los que tratamos de medir la prehistoria desde puntos de vista actuales. Tanto sus pensamientos, como sus decisiones, movimientos o incluso el arte y la religión. Solo la repetición de determinadas prácticas, utillaje, alimentación o representaciones pictóricas del día a día, de la fauna o flora y de actividades tan vitales como la caza o la pesca, no nos dan las claves de sus corazones, de sus almas y de sus pensamientos, más allá de la razón.

Existía en sus mentes, del mismo modo que hoy existe en las nuestras, algo más poderoso que nosotros mismos. Quizás tan solo uno de cada muchos, fuese consciente de esa chispa que se encendía en su interior. Pero ese uno por ciento, o quizás por suerte muchos más, fueron los artífices del cambio evolutivo. Como sucede hoy, solo aquellos que se preguntan ¿por qué?, que no sienten miedo al que dirán, a los dioses o al futuro, al frío o al hambre, solo aquellos que vencieron el miedo a la muerte, fueron los artífices del cambio. Quizás, el tema del territorio estaba y sigue estando muy arraigado entre las especies de seres vivos de todo el planeta, que por diversas razones se resisten a emigrar. Pero existe un número menos elevado de personas, que más allá de los estereotipos, de los mandatos familiares, sociales o laborales, piensan por sí mismos. Más allá de lo que se espera de ellos, cogen su mochila y embarcan hacia otro lugar, hacia el horizonte infinito de los sueños robados. Hacia la eterna esperanza alejada de la lucha, la miseria social y la incomprensión.

Más allá de lo socialmente correcto y deseado. Y se van. Sin mirar atrás. Rumbo a otro lugar. Desacomodados de toda clase de posesiones materiales o vínculos sentimentales. Y se van. Y saben que un día regresarán. O que nunca lo harán. Pero hay algo en su interior. Algo más fuerte que ellos. Algo que vibra en su interior y les hace caminar a lugares donde no existen fronteras cuando uno observa el inmenso mar, las altas montañas o el hermoso paisaje de bosques frondosos y árboles de hoja caduca. Algo como una chispa, que se enciende, revolotea y da calor. Ofrece seguridad y protección. Algo que seguramente sintió alguno de nuestros antepasados. O varios. Y decidieron marchar. Lejos de su territorio. Más allá de las fronteras de su entendimiento. Y aprendieron a sobrevivir en soledad. Y se cruzaron con otros. Y sin maldad. Sin codicia. Sin ambición, ambos comprendieron que eran lo mismo. Y que podían compartir. Y vivir en armonía. Y aprender los unos de los otros. Intercambiando conocimientos. Danzando bajo la luna, a la luz de las hogueras. Cazando juntos la misma presa. Elaborando utillajes de caza y subsistencia.

Queda claro, que las migraciones, casi siempre son obligadas, por cuestiones de subsistencia, pero no siempre. Sigue existiendo hoy, ese tanto por ciento, que no emigra por sobrevivir, sino para vivir. Más allá de los condicionamientos sociales y las normas preestablecidas. La conquista no forma parte de sus deseos. Ni tampoco la ambición. Más allá de la subsistencia, su deseo de conocimiento, su sed de caminar y sus ansias de ver, donde los demás no pueden ver, mueve la chispa interna, la reactiva, la pone en funcionamiento y desde ese momento, solo la muerte o la enfermedad extrema frenará su ímpetu, más allá de la realidad imperante en cada tiempo o lugar.

Acuarela: Giuseppe Berardi
"Quesa en la Prehistoria"

41

RELATO II

EL VIAJE

La noche había caído y tras la última cena, nuestro valiente arquero, se preparaba para partir al amanecer. Metido bajo las pieles, no lograba conciliar el sueño, pues la simple imagen de su incipiente partida, no dejaba de dar vueltas en su cabeza. Aquella noche silenciosa, temía que la desaprobación de todos los que consideraba los suyos, apagara la chispa que ardía en su corazón desde aquella mañana en la que salió a cazar, y tras perseguir un cervatillo, observo el infinito mar a lo lejos. No pudo menos que sentir, que un extraño sentimiento antes invisible, tomaba conciencia en su interior y una voz muy débil, susurraba desde lo más hondo de su corazón. Desde aquel momento, pasaba los días en silencio, escuchando aquella voz interior que le hacía preguntarse cosas, en las que antes ni siquiera habría pensado. Trató de reunirse con el chamán, y explicarle lo que le estaba sucediendo, pero en cuanto miró aquellos ojos en blanco, supo que nada de lo que le dijera, le haría cambiar de opinión. El chamán sabía. Pero callaba. El joven arquero comenzaba a hacerse preguntas. Comenzaba a soñar. Comenzaba a despertar. El chamán puso su mano sobre la cabeza del joven y sin mediar palabra le hizo la señal de la despedida. Aquella noche fue intensa. Larga. Fría. Tenía que partir sin ser escuchado. Antes del amanecer. Antes de que los demás despertasen. Y tenía que correr. Hacia el infinito. Hacia el mundo desconocido. Sin mirar atrás. Tras esconder sus pertenencias en un abrigo cercano, el joven se levantó, miró a los suyos por última vez y salió despacio, apartando con sumo cuidado, las pieles que cubrían la entrada de la cueva. La luna, llena todavía, brillaba en la noche, y aprovechó la luz para serpentear entre árboles y hierbas bajas, hasta alcanzar el abrigo continuo. Cogió sus enseres y corrió a lo largo y ancho del territorio que le había visto crecer, hasta que los primeros rayos del sol le anunciaban la llegada del nuevo día. Sin alejarse demasiado del curso del río, sorteó algunas montañas abruptas, hasta que llegó al inmenso mar azul que tantas veces en los últimos días había recreado en sus pensamientos. La arena comenzaba a calentarle los pies, mientras caminaba por fin sereno, a lo largo de la inmensidad. Sabía que los suyos, jamás le buscarían por allí, pues la tierra jamás da frutos en ese lugar, y los animales no suelen alejarse tanto de sus manadas. A pesar de vivir en plena naturaleza y de no pasar penurias siempre en compañía de los suyos, el joven guerrero sintió algo más en su interior. Sintió que el tiempo y el espacio se unían para él. Sintió la certeza de una nueva vida, más allá de las fronteras. El joven guerrero se sintió libre. Estado mental que solo había parecido alcanzar, a través de la danza y los rituales. Y sintió, por encima de todo, que en la inmensidad de su soledad, no estaba solo. Algo o alguien le acompañaban en su travesía. Una voz interior que cobraba fuerza. Un eco remoto que se despertaba, más allá de los cinco sentidos. La chispa se había prendido. El cambio en su mentalidad y en su conciencia se había producido. Era igual que los demás, pero no pensaba como los demás. Sus pensamientos llegaban, donde los demás ni siquiera habrían imaginado. Y ya no había vuelta atrás. Las ganas de atravesar el horizonte, eran más fuertes. Conocer otros lugares, otros animales, otros seres iguales a él o diferentes. Había superado el miedo a la muerte. Ahora tocaba superar el miedo a lo desconocido. La línea del horizonte que nunca termina. Mientras exista suelo que pisar, animales que cazar y refugios que habitar, sus pies caminarán. La familia, el territorio y la tradición, quedaban atrás. Un nuevo hombre, con un nuevo pensamiento, caminaba solo hacía el infinito."

Dibujo a lápiz: Giuseppe Berardi
"El Arquero"

CAPÍTULO 2

Tierras bañadas por el Río Grande

"El río Grande es el tercer afluente del río Escalona en el que se registra arte rupestre. Nace en las umbrías de los Altos de Salomón, al pie del peñón de los Machos (1092m) y desemboca a la altura de Quesa en el Escalona. Desciende hacía el NE labrando un profundo y hermoso cañón, de paredes verticales. En su tramo final, antes de su confluencia con el Escalona, se localizan dos importantes abrigos con pinturas rupestres, los abrigos del Garrofero (Navarrés) y el que nos ocupa, abrigo del Voro (Quesa), en la margen izquierda."[16]

Según Ximo Martorell, "el Río Grande es al tiempo protagonista y paradigma de una realidad contradictoria. Repleto de pinturas rupestres, pero escasamente inventariadas, poco prospeccionado, con registros incompletos y limitados y con escasez de excavaciones."[17]

Regreso a Quesa

"Aquel regreso a Quesa, obligado y deseado, no sería casual. Tras muchos libros leídos, investigadores entrevistados y consultados personalmente y muchos trabajos sobre la mesa, decidí que había llegado el momento de conocer a los compañeros de vida de nuestra tribu de los arqueros, su sociedad, sus movimientos, sus alimentos, ropas o animales de los que se rodeaban."

---

[16] MAURO S. HERNÁNDEZ PÉREZ y RAFAEL MARTÍNEZ VALLE. Op.cit.

[17] XIMO MARTORELL BRIZ. Arte y territorio en el Río Grande. (La canal de Navarrés, Valencia). Área de Prehistoria. Universidad de Alicante.

Justo en el lado opuesto del abrigo del Voro, se encontraba otro abrigo pintado, en el término municipal de Navarrés, ambos debajo de la Loma del Lobo. Pero no sería el único y seguro que a día de hoy, como afirman investigadores y profesionales como Aparicio, Villaverde, Hernández y Martínez, Torregrosa y otros, todavía queda mucho trabajo por hacer. Cabe destacar al vecino de Quesa, José Antonio García López, con el que tuve el gusto de hablar al principio de mis investigaciones y visita a los Charcos de Quesa.

Gracias a su experiencia, conocimientos sobre el terreno y alma de buscador, se han conseguido localizar otras pinturas, todavía inéditas o poco estudiadas. Además de las pinturas descubiertas por el trabajo de campo que se está realizando en la actualidad por Ximo Martorell junto con el área de prehistoria de la Universidad de Alicante.[18]

Encontraríamos así pues, restos de figuras de origen levantino, rayas, barras, signos y figuras geométricas, incluso fragmentos de cerámica hecha a mano.

Con estos descubrimientos podemos afirmar, que nuestra tribu de arqueros, se movía y expandía por todo el territorio de Quesa, abarcando también toda La Canal de Navarrés. Y es que la proximidad del río, el buen clima, las migraciones de los animales hacia climas más cálidos y la cantidad de frutos que podían encontrar en los alrededores, además de miel y plantas medicinales, convirtieron a la zona del Macizo del Caroig en su morada, y a toda la cuenca del Río Júcar, en el punto estratégico de su supervivencia y su evolución.

A propósito de las últimas investigaciones, no puedo dejar de citar la investigación realizada por el mismo Ximo Martorell junto con Trinidad Martínez: "La senda heredada:

---

[18] XIMO MARTORELL BRIZ y ÁREA DE PREHISTORIA DE LA UNIVERSIDAD DE ALICANTE.

contribución al estudio de la red de caminos óptimos entre yacimientos de hábitat y de arte rupestre neolíticos en el Macizo del Caroig. (Valencia)".

En el citado estudio, se hace referencia a nuestro Abrigo del Voro y nuestros arqueros, tratando de introducirlos en un entorno comunicado y ordenado de caminos óptimos, por los que pudieron transitar y entablar relaciones con clanes o tribus vecinas, englobando casi todo el arte rupestre levantino y esquemático antiguo de la zona del Macizo del Caroig, dentro de la casuística de los caminos transitados.

"Se deduce que la red de caminos óptimos por la cual fluyen personas, ideas y materiales, es una red que se transmite, se aprende y se muestra funcional a lo largo de lo que parece, valorando la secuencia artística y arqueológica, una horquilla cronológica que abarcaría el Neolítico antiguo final y el Neolítico final".[19]

Cabe destacar, que hace pocos días, a fecha de 28 de noviembre de 2013, un concejal, explicaba en una de las reuniones del gobierno actual en Madrid, donde estaba situada la zona del Macizo del Caroig, de una forma bastante peculiar. Dicho acontecimiento nos hace afirmar a día de hoy, el desconocimiento que existe todavía tanto en el ámbito nacional como internacional, de una de las mayores zonas de representación del arte rupestre levantino y esquemático en la Comunidad Valenciana. Además de poseer dos yacimientos de Neandertales importantes: "La Cova Negra, de Xátiva y Cova Foradà de Oliva"

---

[19] TRINIDAD MARTINEZ Y RUBIO, XIMO MARTORELL. La senda heredada: contribución al estudio de la red de caminos óptimos entre yacimientos de hábitat y de arte rupestre neolíticos en el macizo del Caroig. (Valencia). ISSN: 0514-7336.2012. Universidad de Salamanca.

Por ello, es importante la difusión de nuestro patrimonio cultural y artístico a más ámbitos de la población y no solamente al estrictamente académico o rural circundante. Son las pinturas rupestres del Levante Español, Patrimonio de la Humanidad y es nuestra labor darlas a conocer para que todos puedan disfrutar de ellas.

Cavanilles y su paso por Quesa

Corría el año 1792, cuando Antonio José Cavanilles, de 47 años, recibiría el encargo de S.M. Carlos IV, para escribir una historia natural de España, por tierras valencianas. Estos viajes le llevarán a recorrer el Macizo del Caroig, que describe con gran lujo de detalles.

Observa barrancos y paisajes desérticos con montes desmoronados pero contrapuestos a una exuberante vegetación. Durante su recorrido el mismo Cavanilles reconoce que sintió miedo, temor y en muchos casos la angustia de la soledad en medio de la inmensidad. En ocasiones caminó solo, en otras, lo hizo acompañado por el señor *Don Baltasar Fuster y su hijo Josef*[20]. Pero si algo resulta bastante curioso en las expediciones de Cavanilles, es que cualquier rastro de pintura rupestre quedó invisible a los ojos del experto descriptor de paisajes. Se adentró en cuevas, descubrió nuevas especies vegetales, disfrutó del agua de las pozas y de las fuentes y manantiales que discurren por toda la zona. E incluso dedicó especial atención a un singular enclave, el volcán del Cerro Negro, del cual hablaremos más extensamente en capítulos posteriores.

" Más de dos horas caminé para llegar de Millares a Quesa, después de atravesar pinares y desiertos, cuyo espacio aunque pasa muy poco de dos leguas en línea recta, presenta obstáculos que apenas se vencen en cinco horas(...) No vi cortijo alguno ni más hombres que pastores hasta entrar a Quesa, pueblo de cien vecinos, situado en un alta llanura, cercada parte por el río y parte hacia el sureste por un barranco, cuyos

---

[20] LACARRA, JULIO; SÁNCHEZ XIMO; JARQUE FRANCESC. Libro segundo. Las observaciones de Cavanilles doscientos años después. Edición Bancaja 1995.

ribazos de piedra caliza están doblados en arcos cóncavos para formar el cauce (...)[21]

Pero sigue resultando tan paradigmático que de la enorme cantidad de pinturas rupestres existentes en todo el levante español, Cavanilles no diga ni una sola palabra. Algunos historiadores y expertos concluyen que puede deberse a la desinformación de la época con respecto a la datación prehistórica de las mismas y que por tanto, si las vio, las consideraría como meros dibujos de pastores o de pueblos anteriores. Pero, en esta ocasión, no puedo contentarme con tal afirmación, no para una persona como Cavanilles con tal pulcritud y discernimiento a la hora de describir cada lugar, como si de una fotografía se tratase. En su mente no debió de importarle tanto quien las hizo, como simplemente, la presencia de las pinturas en tantas y tantas cuevas y abrigos. Esas figuras alargadas, rojizas, sinuosas y desafiantes, casi desapercibidas, sino fuese por su repetición una y otra vez a lo largo de infinidad de paredes.

No puedo menos que reflexionar profundamente a cerca de este insignificante detalle que para mí cobra importancia mayor, en tanto en cuanto, más lo pienso.

Si no fue hasta después de la muerte de Marcelino Sanz de Sautuola (descubridor de las pinturas de Altamira, Cantabria), que las pinturas rupestres comienzan a ser vistas y reconocidas como lo que son, y ni si el mismo Cavanilles las nombra ¿podemos a día de hoy, seguir igual de ciegos con respecto a miles de cosas que permanecen invisibles ante nuestros ojos, pero que en cambio son tan reales como las pinturas rupestres? ¿O es que, como nadie ha reconocido

---

[21] LACARRA, JULIO; SÁNCHEZ XIMO; JARQUE FRANCESC. Libro segundo. Las observaciones de Cavanilles doscientos años después. Edición Bancaja 1995.

determinadas realidades como importantes o relevantes, no somos capaces de percibirlas?

No puedo más que recordar aquella historia de mi profesor de sociología, que nos contaba cómo cada mañana pasaba por delante de una plantita pequeña, de esas que crecen junto a una farola, a pesar del cemento. Y de cómo siempre pasó inadvertida para él, hasta que su hija de apenas cuatro años, un día paró en seco y le dijo a su padre:

¡Mira papá, una flor!

Quizás a muchos de ustedes les suene una historia parecida, en una cueva pintada, con una niña que mira al techo y descubre un inmenso cielo de bisontes (...).

¿Será cierto que para vivir la realidad en todo su esplendor, todos deberíamos de volver a ser un poco niños y recobrar nuestra mirada infantil, inquieta y sorpresiva?

Acuarela: Giuseppe Benard.
"Cueva de las estalagmitas"

Dataciones y Arte Levantino

Es tal la controversia que durante años se ha generado en torno a la datación de las pinturas rupestres encontradas en los abrigos y cuevas de todo el levante español, y en general de todo el mundo, que en este mismo instante, mientras escribo, pueden estar hallando una nueva fórmula para datar determinados elementos que ofrecerían impresionantes novedades y dejarían fuera de juego a las teorías e hipótesis ya existentes.

Como ya me ha ocurrido en los últimos días, con la reciente datación en la cueva de Nerja, en la que unos símbolos pintados, podrían haber representado el primer lenguaje de la Humanidad. O la aparición en una cueva de Siberia, de una tercera especie de seres humanos que cohabitó con Neandertales y Homo Sapiens. El hombre Denisoviano. Descubrimientos ambos más ampliados en capítulos posteriores.

Por tanto y aunque el tiempo no corra a nuestro favor en esta época de avances constantes, rápidos e inimaginables para el hombre de las cavernas o para nuestros arqueros, mostraremos brevemente algunas diferencias entre el Arte Levantino que nos ocupa, con respecto al Arte Paleolítico de la zona Franco Cantábrica o el esquemático de épocas posteriores y/o Esquemático Antiguo, sin adentrarnos demasiado en disputas y nuevas hipótesis que corresponden a los profesionales de otras disciplinas.

Siguiendo a M. Almagro Basch, en (QUAD.PREH.ARQ.CAST.22, 2001 por Eduardo Ripoll Perelló) enumeraré las diferencias más destacables, para luego profundizar en algunos detalles que considero relevantes para la investigación que nos ocupa.

En primer lugar y como muestran las evidencias, el Arte del Paleolítico Superior lo encontramos en la profundidad de las cuevas, mientras que el Arte Levantino se encuentra en la mayoría de los casos en abrigos de piedra al aire libre o poco profundos. En segundo lugar, las figuras representadas en cuanto al tamaño y también a las formas distan mucho unas de otras. Las del Paleolítico Superior son figuras grandes y las del Arte Levantino bastante pequeñas en comparación con las anteriores. También se aprecia una diferencia en los medios técnicos incluso en la escasa o nula policromía del Arte Levantino. Destacar escasa policromía, porque según algunos profesionales, sí existen ejemplos de Arte Levantino con restos de policromía, aunque la gran mayoría de pinturas levantinas son rojas. Importancia de la figura humana como sujeto en el Arte Levantino, a diferencia de la representación de animales y seres antropomorfos de las cuevas Paleolíticas de España y Francia. Cabe destacar la opinión de Aparicio con respecto a esta característica importantísima y relevante para la comprensión de lo que él mismo denomina los años mágicos.

"Con la llegada del paleolítico superior aparece la maravilla de las maravillas, el Arte, con mayúsculas, un arte plenamente formado, que representa el mundo exterior, con el que vive en perfecta sintonía, en absoluta simbiosis, el mundo animal, sus otros compañeros en: La Gran Aventura Biológica del Cosmos (...) Es su representación cosmogónica, lo que conoce del mundo en el que vive. El animal es el centro, el eje del mismo, con el que se relaciona en perfecta simbiosis y del que extrae la mayor parte de sus recursos vitales (...) Lo descubierto hasta el momento nos revela una capacidad estética total, una sensibilidad extrema, un profundo conocimiento del centro de su atención: el animal."[22]

Posteriormente, llegará la crisis mesolítica en palabras de José Aparicio, *"donde el hombre se descubrirá a sí mismo, dando origen al antropocentrismo"[23]*.

Es la época de nuestra tribu de arqueros. Nuestros años dorados, la aparición del Arte Levantino propiamente dicho y la inclusión del hombre en sus propias representaciones. La importancia de las actividades del hombre sobre el mundo que le rodea. El dominio del hombre sobre la tierra. Y así lo representa a lo largo y ancho de las montañas levantinas.

La historia de su día a día, plasmada en las paredes como un libro abierto esperando ser leído, por el lector más apasionado, más entusiasmado, más enamorado de la "VIDA" en mayúsculas. De su origen. De su evolución.

"Hacia el 8.000 aparece un nuevo protagonista, que poco a poco se impondrá totalmente: los seres humanos, hombres y mujeres. El antropocentrismo ha nacido. Hay un nuevo Señor del Mundo (...) El ser humano descubre al ser humano. Antes, cuando miraba al espejo del universo, sólo veía animales. Durante quince o veinte mil años sólo vio animales. Pero, a partir de ese momento vio también reflejada su figura, se dio cuenta de que él, también formaba parte de ese paisaje en aquél reflejado y, con tanta fuerza, que lo llenaba todo (...) un paso decisivo en la evolución humana."[24]

Junto a este nuevo hombre, aparecen toda una serie de avances tanto tecnológicos como alimenticios, que le llevarán a la conocida como "Revolución Neolítica" (revolución que consistió en la domesticación de la agricultura y la ganadería, que junto con el sedentarismo, serán los grandes protagonistas de este nuevo periodo de la prehistoria

---

[22] JOSÉ APARICIO. La evolución humana: los años mágicos.
[23] JOSÉ APARICIO. Op.cit.
[24] JOSÉ APARICIO. La evolución humana: los años mágicos.

humana, y donde hasta el arte sufrirá un cambio repentino). Se encuentra por tanto nuestro abrigo del Voro (Quesa), inmerso en este primer periodo tras los años mágicos, donde el hombre toma conciencia de su propia existencia en el entorno inmediato que lo rodea. Datado en 8000 a.C. sería uno de los protagonistas indiscutibles de la gran historia de la mente humana, y donde el visitante podrá apreciar, con detalle y emoción, aquellas primeras narraciones sobre la piedra caliza, del día a día del hombre que domina los elementos de la naturaleza, que convive con otros hombres, que danza, que ora, que recolecta miel y frutos, que se comunica con sus semejantes o con los seres del más allá, que existe junto a animales y plantas, los cuales son representados junto a él, en sus diferentes actividades. Y que incluso podría haber intercambiado alimentos, armas o conocimientos con otros clanes vecinos, en estos caminos de tránsito. Al igual que otras civilizaciones posteriores como los egipcios, los sumerios o los persas, nuestros arqueros también fueron escribas de su tiempo, a través de sus pinturas. Pero ¿cuál era la razón por la que pintaban? ¿Qué necesidad les impulsaba a representar primero a los animales y luego a ellos mismos? o ¿con qué fin último dejaron su impronta sobre las paredes de las cuevas y abrigos? Son preguntas que todavía no tienen respuestas. Otras preguntas como la finalidad de sus rituales y sus danzas, la elección de los abrigos o los lugares donde decidieron quedarse a vivir durante largas temporadas, también sigue siendo una incógnita. Aunque nuevas disciplinas como la arqueología del paisaje, la palinología o la paleobotánica y la geología, tratan de ir aproximándose a estas y otras incógnitas con nuevas metodologías que abren un nuevo abanico de posibles respuestas. Para Breuil[25], tuvo que haber contacto entre los

---

[25] **Henri Breuil:** nacido en Francia en 1877 fue arqueólogo, prehistoriador, naturalista, geólogo, etnólogo y sacerdote. Su principal

hombres del Paleolítico y los del Mesolítico. En el libro estamos de acuerdo, y nos aventuramos a plantear la hipótesis de que además de ese contacto, quizás, teniendo en cuenta las últimas investigaciones con respecto a la datación de algunas pinturas, el descubrimiento de la tercera especie y su no-correspondencia con la datación de la llegada del Homo Sapiens a la península, el hombre Neandertal, pudo ser el artista de las mismas, en el Paleolítico Superior, haber emigrado a tierras de levante, como constatan los restos del mismo en la Cova Negra de Xátiva, y de ahí, haber ocupado con rapidez (como afirman algunos investigadores), grandes territorios colindantes dentro del levante, y concretamente, en pleno corazón del macizo del Caroig. Pero, especulaciones o hipótesis, no les faltan ni les faltarán a nuestros ancestros, a falta de pruebas concretas, contrastables y registrables dentro de los límites de la ciencia.

Las nuevas investigaciones en el Macizo del Caroig en la actualidad se aproximan a las nuevas tendencias en Arqueología del Paisaje y el análisis de caminos óptimos, que facilita el uso del SIG[26], así como nuevas investigaciones estadísticas que tratan de englobar al conjunto de pinturas del Macizo del Caroig en un mismo núcleo de actividad y vecindario, así como de intercambio entre diferentes grupos humanos a partir del 7000 a.C.

---

actividad consistió en investigar todo el arte rupestre prehistórico, convirtiéndose en pionero en el estudio del arte paleolítico.

[26] **SIG**: GIS en su acrónimo inglés. Es un sistema de información geográfica. Software específico que permite a los usuarios crear consultas interactivas, integrar, analizar y representar de una forma eficiente, cualquier tipo de información geográfica referenciada asociada a un territorio, conectando mapas con bases de datos.
Fuente: www. http://sig.cea.es/SIG. Consultado en marzo de 2017.

Mi pequeño homenaje a un gran historiador

Palabras de agradecimiento a Don José Aparicio Pérez, (Secretario General del área de Cultura de la diputación de Valencia, Jefe de la SEAV (Sección De Estudios Arqueológicos Valencianos de la Diputación Provincial de Valencia), Académico C. De la Real Academia Nacional de la Historia y Académico Numerario de la Real Academia de Cultura Valenciana.

"Las pinturas estaban allí, efectivamente, a la entrada del estrecho abrigo de techo bajo, tanto que obligaba a recorrerlo encorvado"

¡Parece increíble!, exclamamos estupefactos ante aquella maravilla del arte humano.

¡Ocho mil años!, nada más ni nada menos, desde que fueron pintadas en aquella superficie rocosa, rugosa por otra parte. Y allí estaban, con toda su frescura y viveza, como si las hubieran pintado el día anterior."

José Aparicio Pérez

Cuando leí por primera vez el nombre de José Aparicio en una de las bibliografías que consultaba, en ningún caso podría haber imaginado (porque aseguro cien por cien, que no lo sabía), que el autor de la publicación de las pinturas rupestres del Abrigo del Voro y codescubridor, junto a Salvador Gómez Benllod, sería el mismísimo Aparicio.

A decir verdad, llegué a entablar breves conversaciones con él, por correo electrónico, con toda la ingenuidad y desconocimiento de una joven investigadora-escritora que se adentraba en el maravilloso mundo de la prehistoria y la arqueología por primera vez. Pero que desconocía la importancia de la persona que se encontraba al otro lado del ordenador, hasta el punto de solicitarle una visita para agradecerle algunos artículos que me había hecho llegar, sin saber hasta varios días después, que estaba a punto de reunirme con el principal responsable de la datación, publicación y conservación de nuestra danza de arqueros y las más de cincuenta pinturas que les acompañan en el mismo abrigo.

Sin lugar a dudas, el destino, me estaba dando una nueva pequeña gran sorpresa. Y esta vez de las que no se olvidan, pues además de ser muy importante para la comprensión de algunos aspectos de la prehistoria, la arqueología y la evolución humana, se materializaba la maestría, más allá de los libros, los apuntes y los documentales consultados.

¿Pueden ustedes imaginar la tremenda ilusión que me hizo?

Datación e interpretación del Abrigo del Voro

Una de las grandes incógnitas que sigue persiguiendo a los historiadores y arqueólogos de la prehistoria, es la datación de las pinturas rupestres. De norte a sur y desde el descubrimiento de las primeras pinturas en Cantabria y Francia, los estudiosos han seguido con rigor, las últimas tendencias y descubrimientos, tratando de dar cada vez, mayor valor, si cabe, a estas obras de arte de la humanidad.

Entre todos ellos, y formando parte de los estudios de Prehistoria del Arte Levantino, se encuentra D. José Aparicio. Descubridor de algunas pinturas, codescubridor de otras, responsable de la publicación de la mayoría de ellas, así como de su conservación desde el primer momento que fueron descubiertas. Pero sobre todas las cosas, y tras años y años de profesionalidad, encontré en un despacho repleto de libros, a un señor de ojos azules risueño, amable, emocionado y sobre todo amante de su trabajo y su trayectoria profesional.

Encontré el entusiasmo de un niño, que no ha perdido ni pizca de ilusión. Que no se conforma con lo establecido. Que no miente ni se calla cuando tiene que decir su opinión y que me abrió su corazón y su sabiduría, desde la humildad, la comprensión y la ayuda desinteresada. Participó de mi ilusión, y por ello, merece, este pequeño gran homenaje.

Siguiendo con el trascurso de mi visita y tras las presentaciones de rigor, me atreví con el tema de las dataciones J. Aparicio, fue el autor de la datación de las pinturas del abrigo del Voro. Defiende sus 8.000 años de antigüedad, mesolítico y su pertenencia al Arte Levantino, a pesar de que otros, según sus palabras, se empeñen en colocarlas en el Neolítico.

Tras leer su publicación en la Revista especializada Varia VI, de "La danza de los arqueros", junto con las explicaciones de los calcos, hechos también por J. Aparicio, se puede determinar, que las interpretaciones siguen abiertas, aunque para Aparicio:

"Se trata de una danza ritual ejecutada por cuatro arqueros-guerreros-cazadores, bien guerrera, bien propiciatoria de la caza, destacando entre los diversos objetos y atavíos (arcos, carcaj, bolsa, gorros. Etc.), unas bolsas o recipientes esferoidales sujetos a la cintura, probablemente portadores de algún líquido."[27]

Igualmente, cabe destacar, para los que deseen profundizar en el arte rupestre levantino del abrigo del Voro, la perfecta localización y descripción de las 51 pinturas y sus respectivos calcos, se encuentran descritas en la citada revista VARIA VI, con una división del abrigo en 12 paneles, que ocupan 20 metros, de los 30 m que tiene el abrigo. Por su conservación, el mismo D. José Aparicio, fue quien desde el principio se ocupó del enrejado del mismo, y es por ello, que no es posible a simple vista observar las 51 pinturas, desde la posición del visitante, pero nuestra danza de arqueros, es la que más destaca, por encontrarse a la altura de los ojos del espectador, por conservarse casi intacta y por su color rojo sangre.

En los últimos días, a fecha de 21 de mayo de 2014, nuevas rejas, han sustituido las colocadas por D. José Aparicio, y se organizan visitas guiadas, en una iniciativa de puesta en valor y difusión por parte del Ayuntamiento de Quesa, para que el visitante pueda entrar en el interior del abrigo y observarlas más de cerca, interpretando con sus propios ojos y sentidos, el posible significado de las mismas.

---

[27] JOSE APARICIO. VARIA VI. 2007. Diputación de Valencia.

Han pasado 41 años, desde su descubrimiento y publicación, pero al leer las palabras de Aparicio, el lector se sigue emocionando, reviviendo como fue aquel momento. Sin la inquietud, emoción, curiosidad y empeño de tantas y tantas personas, que como D. Salvador Gómez o el propio D. José Aparicio, han manifestado a lo largo de su vida y han trasmitido a los que venimos detrás, pensamientos, aventuras, desventuras y horas y horas de trabajo, sin duda, hoy no hubiese tenido la oportunidad de reencontrarme con esta parte de la prehistoria relatada, de forma que permite al lector o investigador, asomarse al pasado, sonreír al presente y emocionarse con el futuro.

Por todo ello, gracias por escribir y trasmitir

Fotografía de la autora:

"Danza de Arqueros, Abrigo del Voro (Quesa)"

CAPITULO 3

¿Por qué danzan los arqueros?

El abrigo, hoy señalado con indicaciones y un pequeño sendero serpenteante de tierra rojiza, recibe al caminante desde las alturas. Ambos se observan y una especial comunicación surge entre ambos. Como ya repitieran los constructores de las monumentales catedrales, el iniciado recorre los pasillos naturales de roca caliza, agua, vegetación y tierra mirando prácticamente el suelo, para alzar su rostro casi al final de la etapa y encontrarse en las alturas, con aquel lugar que nuestros antepasados nos legaron como prueba inescrutable de su existencia hace 8000 años.

Pero sin duda alguna, la tribu de los arqueros, como me gustaría rebautizarla en mi libro, no se pintaron a sí mismos para dejarnos un recuerdo de su paso por estas tierras y mucho menos como obra de arte vendible y comercializable al mejor postor. Aquellos hombres ataviados con supuestos plumajes, sombreros, collares y arcos, buscaban algo. Pedían alguna cosa a alguna entidad real o espiritual, del mundo de los vivos o de los muertos, del reino animal, vegetal o espiritual. Ese algo o alguien, recibe hoy infinidad de explicaciones desde el mundo científico, histórico y/o social-antropológico, pero también podemos buscar respuestas en otros ámbitos de la realidad intangible, que de alguna manera, forma parte de nuestros días, de igual modo, que un día formó parte del día a día de aquellos hombres que se refugiaban en cuevas y abrigos de roca caliza. Días en los que no existían explicaciones científicas que avalaran las pruebas irrefutables de la existencia de algo o alguien que les escuchara. Y que sin embargo fueron el origen y posible razón por la que nuestra tribu de los arqueros pintó aquellas figuras, sobre la roca del Abrigo del Voro. Y algo que ya en su día trató de describir, el gran historiador, filósofo y escritor Mircea Eliade, en su libro "Lo sagrado y lo profano".

Al ascender los últimos metros que separan al caminante de las oquedades naturales de las montañas, y concretamente de estos abrigos milenarios, la pregunta resuena sola y con eco reiterativo en la mente del buscador:

¿Por qué danzan los arqueros en este lugar?

Esta duda, me perseguiría durante el camino de vuelta y en los posteriores días, iluminando el sendero del libro que hoy, estimado lector, tiene entre sus manos y que espero poder responder en la medida de lo posible, desde un punto de vista sociológico, histórico, científico y mágico. Unido a las publicaciones de investigadores, buscadores y soñadores, que como yo, un día también se hicieron estas preguntas.

Pero sobre todas las cosas, trataré de responder de la forma que más me gusta, de la mano de ese tesoro divino con el que nuestro Creador, algún día, en algún lugar, nos obsequió. El oro de Dios, o la capacidad de escuchar, entender, interiorizar y conjugar los elementos que conforman la naturaleza, tierra, fuego, aire y agua, para nuestro bienestar en pleno advenimiento ancestral con el pasado, presente y futuro de nuestra especie.

"La motivación del arte paleolítico y mesolítico que nos ocupa es muy compleja y resulta imposible saber con seguridad cuál es el significado estricto de las cuevas, abrigos y de sus pinturas, mientras no podamos subrogarnos en la mente de cada uno de los autores y conocer la precisa utilización de los recintos."

Pedro A. Saura Ramos. (Altamira)

La magia:

Tótem, chamán, ritos, cosmos, energías telúricas, lugares de poder, música, danzas, astronomía, el más allá.

CAPITULO 4

Piedras gigantescas en medio del camino

"Cuanto más cerca tenemos la belleza, más nos cuesta observarla, admirarla, sentirla"

La primera pregunta que me hice en cuanto me adentré en el sendero de los Charcos por segunda vez fue: ¿qué o quién había colocado esas enormes piedras en el camino? Las primeras respuestas eran fáciles y sin duda razonables. Siguiendo un poco la intuición, tan solo un gran movimiento sísmico provocado por el choque de las placas tectónicas de la tierra, unido al desgaste rápido de la piedra caliza y la arenisca por el agua y los fuertes vientos de poniente, habría podido desprender aquella enorme mole de su lugar y haberla dejado caer con toda su grandeza en medio del camino, sin más amparo que las aguas del río Grande, que la bordean en su curso hacia Navarrés, hace muchos años. Pero más allá de la explicación científica, existen determinados monumentos naturales, que los hombres del pasado, hubiesen considerado mágicos, enigmáticos e incluso podrían haber llegado a ser admirados como dioses de piedra o **totémicos**.[28] Es el caso del aparente tótem del hombre bisonte que se encuentra en la entrada de la cueva del Castillo en Cantabria. En principio solo se observa una piedra, pero con un juego de luces, (la sombra resultante desde un punto estratégico de la cueva), se observa la figura en la pared de un

---

[28] **Totémico**: Relativo al tótem. Objeto de la naturaleza, generalmente un animal, que la mitología de algunas sociedades se toma como emblema protector de la tribu o del individuo, y a veces como ascendiente o progenitor. Emblema tallado o pintado que representa al tótem. Diccionario de la RAE.

hombre bisonte, que se mueve con el movimiento del fuego, que intimida, advierte y guarda, ¿por qué no?, durante más de 30.000 años, pudo ser la guarida de los espíritus sin tiempo. Los hombres del pasado eran capaces de ver la vida de las piedras y las impresiones ópticas que les causaban. Con respecto a las enormes piedras de Quesa, también se habían convertido en un lugar de referencia simbólica para los visitantes de aquel lugar. Ingeniosamente, la madre naturaleza las había colocado a la altura del Charco del Chorro, y con especial reverencia el caminante no puede hacer otra cosa que admirar su enorme tamaño, su intangible fuerza y su elevado poder. Atributos de un ser inerte e inanimado, que sin embargo potencian la magia y grandeza del lugar. Aquellas enormes piedras podrían haber tenido significados simbólicos para nuestros antepasados, hasta el punto de haberlas venerado como auténticos dioses.

Fotografía de la autora. "Quesa"

Hoy la arqueología del Paisaje, también se está ocupando de este tipo de estructuras, sobre todo, las que de algún modo han sido colocadas en puntos estratégicos de los caminos prehistóricos y protohistóricos, bien como marcadores, bien como auténticos dioses. Tanto su visibilidad como su tamaño, localización o proximidad son variables importantes a tener en cuenta a la hora de realizar investigaciones.

Quesa, lugar de intercambio cosmotelúrico

"La tierra es conductora de la electricidad, y el grado de conductividad de la corteza terrestre varía de un punto a otro según la naturaleza de las rocas que la constituyen"[29]

A. Laming-Emperaire

Las piedras, necesitan de una polaridad correcta, para que la energía fluya entre ellas. Por este mismo motivo, muchos son los estudios que afirman que las piedras son acumuladoras de energía. Las piedras son capaces de emitir una energía que procede del interior de la tierra, conocida como corrientes telúricas. Son corrientes eléctricas que emergen a la superficie terrestre a través de las fallas y continuos movimientos, y en la mayoría de los casos, producen beneficios para el ser humano, los animales y las plantas.

El paraje de los Charcos de Quesa, se encuentra absolutamente rodeado de rocas, y bajo aspectos aparentemente visibles, se esconde, en el interior de la tierra, una formación de placas tectónicas, que en el año 1748 ya provocaron el famoso terremoto de Quesa. Por tanto, nos encontraríamos frente a un poderoso lugar de corrientes

---

[29] A. LAMING-EMPERAIRE. La arqueología prehistórica. Ediciones Martínez-Roca S.A. 1984. Barcelona.

invisibles, que discurren a lo largo y ancho del camino. La búsqueda personal mediante la utilización de medidores de energía y los posibles efectos que surjan del contacto directo con estas energías serán diferentes dependiendo del ser humano que las lleva a cabo. Pues como es sabido, existen personas más sensibles que otras a determinados efectos, tanto en lugares de poder con energías invisibles como en la vida cotidiana, cuando nos enfrentamos a situaciones diversas como el frío, el dolor, el calor, la emotividad, etc...

Mircea Eliade describe este tipo de fenómenos como "inefables", que no se pueden medir, que no se pueden explicar con palabras, que suceden más allá de los cinco sentidos. Pero sea como fuere, cualquiera que decida introducirse en el útero de la madre tierra sintiendo la protección de sus paredes rocosas y suelos vibrantes, no se marchará indiferente.

Tras mi última visita a los Charcos de Quesa camino del Abrigo del Voro, observé con gran emoción que otras grandes rocas, las cuales habían pasado desapercibidas para mi pequeño ojo, asombrado y enmudecido por la enorme magnitud del paisaje que me rodeaba, también se encontraban en el camino, marcando la ruta de los Charcos, más redondeadas y colocadas por la magia de la madre naturaleza casi en línea, imitando desde la fantasía del caminante las tres estrellas en línea del cinturón de Orión. En la inmensidad de estos parajes, alejados de la civilización, el visitante que lo desee, podrá sumergirse en la fantasía de su mente, en la imaginación de sus sentidos y en la creatividad de su psíque. Más allá de los fenómenos naturales que le acompañan a cada paso y con los que dialoga en el silencio de una hermosa y soleada mañana de primavera.

Monte Castillo (Cantabria), primeras impresiones

Impresiones y reflexiones personales tras la visita a la Cueva de las Monedas y la Cueva del Castillo, en Puente Viesgo. (Cantabria).

"Ellos le hablaban a las paredes, y las paredes les respondían"

Jean Clottes

He de reconocer que una especie de nerviosismo interno recorría mi estómago minutos antes de la entrada a la cueva del Castillo. Quizás fueron demasiadas las veces que me había imaginado caminando por el interior de estas cavidades profundas y oscuras, que se esconden en el interior de la tierra, pero el momento había llegado y la tensión en mi subconsciente, comenzaba a hacer acto de presencia. No era la primera vez que entraba en una cueva, pero hacía bastante tiempo de aquello.

Llevaba días planeando este viaje, y coincidiendo con las fases de documentación de mi libro: ¿Por qué danzan los arqueros?, me dispuse a comprobar, personalmente, si todo cuanto había imaginado a raíz de libros, programas de radio, vídeos, entrevistas y visitas era cierto. Mis primeras impresiones fueron de mucho calor. Mientras nos adentrábamos en los primeros metros de las cuevas, mi temperatura corporal sufrió el efecto contrario al de los demás. Un tremendo calor me hizo desabrochar la chaqueta y subirme las mangas del polar, supongo que los nervios y la excitación por visitar aquel lugar provocaban la dilatación de mis vasos sanguíneos que se divertían, conforme nos adentrábamos hacía el interior de la tierra. Recuerdo que en ambas cuevas, tras 20 minutos caminando por sus galerías, sentí leves mareos, que se mantuvieron hasta la salida de la cueva.

Tras la visita y hasta la mañana siguiente me sentí inmersa en una especie de desorientación leve, que me mantenía a medio camino entre la nada y la realidad. No volví a ser la misma hasta que por la mañana me fui a la playa, en pleno noviembre y me bañé en la mar. Pero la desorientación no fue todo. Conforme pasaba la tarde, una especie de desilusión se apoderaba de mí y una sensación de pérdida del sentido de la vida, unida a una extraña tristeza se hizo patente en mi estado de ánimo. Muchos podrían atribuir mi desencanto frente a las expectativas incumplidas de mi corta expedición por el interior de la tierra. La verdad es que a priori podría ser una buena interpretación, pero no puedo dejarlo como algo anecdótico. Y no puedo porque precisamente esta fue la principal razón por la que comencé a escribir mi libro.

El paraje de los Charcos de Quesa me habló y los arqueros danzaron a mí alrededor. Aquel hermoso lugar siempre tuvo un mensaje para mí. Un mensaje cargado de buenas vibraciones y comunicación con el todo, con el ser interior que cada uno llevamos dentro, con el renacimiento y el florecer de una nueva conciencia en la que las conexiones fluyen, más allá del lenguaje hablado o escrito. Una comunicación en la que, algo más allá de los cinco sentidos que conocemos, se despierta y florece. Entre el paraje de los Charcos de Quesa y mi ser interior, se produjo el efecto contrario de lo que me sucedió al adentrarme en las cuevas de Monte Castillo. Por supuesto, no es casual. Hoy reconozco que la ausencia de mensaje, fue todo un mensaje. Aunque no por ello, significa que este mensaje fuese negativo, sino que la experiencia ha de repetirse más veces, pues la energía que reina en el interior de estas cuevas, es muy potente, aunque aparentemente invisible.

Monte Castillo, Monte Sagrado en la Prehistoria

*" En la Caverna nació la familia: en el silencio profundo de la
espelunca, turbado únicamente por el lento y monótono gotear
del agua, el hombre se buscó a sí mismo, en pausas repletas de
profundas meditaciones; en las cavernas nacieron las primeras
creaciones humanas, los primeros ritos propiciatorios, el
primer culto a los muertos"*

Ghian María Ghidini (Hombres, cavernas y abismos)

Ellos, nuestros antepasados u otra especie de humanos,
estuvieron allí. Ellos dejaron su impronta, en las paredes y
techos, en los caminos y recodos rocosos. Animales, figuras
antropomorfas, puntos y figuras geométricas, todos ellos, en
lugares estratégicos, simbólicos, imposibles de interpretar
para el hombre de hoy. Obras de arte, compuestas de
pigmentos minerales junto al juego de luces y sombras.
Museos de piedra hasta 20 metros bajo tierra. Pero sobre
todas las representaciones simbólicas, sus manos.

Manos izquierdas, derechas, sopladas y veneradas. Manos en
relieve y en negativo. Manos. Huellas. Improntas de su
existencia. Tan cerca, que a una se le caen las lágrimas en la
más absoluta oscuridad, al alumbrar aquel mural humano que
grita comprensión. Que extiende sus más preciadas
extremidades para tocar el futuro. Para tocarnos a nosotros.
Para conectar con los otros. Con los que han de venir. Con el
más allá. Con la muerte y la resurrección. Con la vida eterna.

A tan solo unos centímetros, sus manos y las mías, tan iguales.
Tan lejanas en el tiempo de hoy. Tan cercanas en el no-
tiempo, que casi puedo sentir el palpitar de su sangre
caliente. Más allá del frío de la piedra y de los más de 40.000

años que nos separan, ellos están allí. Quizás su última guarida. Quizás su última vez.

Nos saludan, siempre al entrar. O nos advierten, no pasar más allá. ¿Nos vieron? ¿Nos vio el chamán? ¡Nos estaban esperando! Ellos vivieron allí. Algo más allá de los sentidos o de los restos arqueológicos, se encuentra impregnado en cada centímetro de esas galerías. Las piedras querían hablar. Yo, no podía escucharlas. Y luego la nada. El vacío. El no-tiempo. El no espacio. La tristeza. La duda. La desilusión.

Recuerdo que en las siguientes horas, el viaje había terminado, al menos, para mí. No podía comprender por qué. No era mi manera de actuar. Yo no desperdiciaba la posibilidad de visitar todos los lugares posibles, pero aquélla tarde estaba abatida, tocada y hundida. En las horas posteriores, ni siquiera era capaz de identificar mi tristeza, tan solo sabía que nada de lo que me mostraran podría superar aquello. Nada llegaba a mis vanos intentos de comprensión y por más vueltas que dimos por otros lugares, nada me hizo reponerme.

Recuerdo que enfermé en el camino de vuelta. En apenas dos horas que nos separaban de casa, sentí que el cuerpo se me cortaba, que el frío de la cueva se había apoderado de mis huesos, a pesar de que yo solo tenía calor. Solo quería refugiarme en mi guarida, envolverme en mis mantas y sentir el calor de un vaso de leche. La oscuridad de la noche hizo que el recuerdo de la cueva se repitiera en mi mente a modo de espejo reflectante una y otra vez, mientras alcanzaba el sueño. A la mañana siguiente, las imágenes permanecían en mi cabeza, me sentía tremendamente cansada y sin energía, debido a mi empeño por descifrar aquel código milenario. Aquellos trazos en las paredes atacaban a mi cerebro que trataba de identificar su simbolismo, sin mucho éxito. Nos

Ascenso al abrigo del Voro

Formaciones en el interior de una cueva.

Danza de Arqueros, Abrigo del Voro (Quesa).

Cueva de las Chimeneas, Monte Castillo

Panorámica desde Monte Castillo

Caminos de Cuevas Monte Castillo

Entorno Cueva Altamira

Entradas Cuevas Monte Castillo

han enseñado a descifrar códigos, y nuestra vida está cargada de ellos. Vivimos en un mundo simbólico, sin el cual, no sería posible ni el lenguaje, ni la comunicación. Ellos, nuestros antepasados, también tenían el suyo, pero mi cerebro, no lograba identificarlo. Aquello era un sin sentido.

El baño en la mar, fue mi recuperación como una inyección de adrenalina y tuve que dejar pasar dos días, para sentarme y escribir estas líneas. Demasiada información y sensaciones, tenían que ponerse en orden por sí solas en mi cerebro.

Existen muchos lugares sagrados, en una malla energética como es el planeta tierra, pero no todos poseen la misma intensidad. Algunos solo aportan bienestar, te reconstruyen y te hacen renacer. En ellos sientes que los sentidos y todo cuanto te rodea, te eleva a una posición de contacto con el todo. Otros en cambio, poseen fuerzas mayores, y por tanto el poder que ejercen es superior. Son lugares donde las concentraciones de minerales, fuerzas telúricas y gases, son más potentes, palpables y perceptibles. Hay personas que inconscientemente pasarán por ambos lugares sin sentir nada. Otras en cambio, como me ocurrió a mí, sentiremos que algo, más allá de nuestro entendimiento, tira de nosotros y nos sitúa en un estado de conciencia diferente al habitual.

Quizás, preguntas como ¿cuál es la tristeza que se esconde tras las galerías de piedra del Monte Castillo?, o ¿cuál es el mensaje de aquellas manos que nos tocan al entrar?, jamás obtengan respuesta. Pero reconozco, que:

"Las cuevas esconden más de lo que se ve, más de lo que se siente y más de lo que jamás llegaremos a saber. Las cuevas poseen un poder tan real, enigmático, fascinante y desconcertante, que resulta imposible, no regresar a ellas."

Ecos del pasado

"Es como si los antiguos hubiesen elegido donde pintar, en lugares donde la magia era perceptible". A propósito de los abrigos de la Valltorta (Castellón).

Javier Sierra (Audio Milenio 3, Cadena Ser, 2014)

En los últimos tiempos, parece que la prehistoria despierta en el inconsciente colectivo y ecos de estas mismas paredes rocosas, encierran las últimas investigaciones con relación a las pinturas en abrigos y cuevas del arte rupestre levantino.

A través del audio ofrecido por el programa Milenio 3 en la Cadena Ser, sobre los sonidos de las cavernas y la entrevista a la profesora Margarita Díaz Andreu, me llevé una grata sorpresa al descubrir, no sin júbilo, que eran muchos más de los que yo pensaba, los que se sentían interesados de un modo u otro en resolver algunas de las dudas que yo tuve en mente al acudir al Abrigo del Voro. Y mayor fue mi sorpresa cuando la danza de nuestra tribu de arqueros vio un hilo de luz en el camino. Un dato relevante que daba más fuerza y vigor a Quesa y el Abrigo del Voro como posible lugar sagrado.

Los *investigadores y profesores de la novedosa disciplina de la Arqueoacústica[30], de la Universidad de Barcelona y la Universidad de Zaragoza respectivamente, habían llevado a cabo un experimento en la cueva de la Valltorta de Castellón, y*

---

[30] **ARQUEOACÚSTICA:** Disciplina emergente dentro del campo de la arqueología sobre el uso que se hacía del sonido en las sociedades prehistóricas y las posibles funciones culturales, sociales y artísticas que este pudo tener.

parece ser que se ha comprobado, que en los lugares donde había una mayor cantidad de pinturas rupestres el sonido tenía un efecto más espectacular que donde no había ninguna pintura.

Por lo que la hipótesis que plantean los profesionales e investigadores, vierte frutos a nuestra investigación personal. Se aproxima a una posible conclusión, en tanto en cuanto los arqueros podrían haber pintado en el lugar donde había mejor acústica. Y por tanto el Abrigo del Voro aparecería ante nuestros ojos como un lugar muy especial, no tan solo para los que hoy lo visitamos, sino para nuestra tribu de arqueros, pues ellos fueron los que eligieron este lugar entre los muchos otros que había, y lo eligieron porque sus rocas tenían algo especial, porque sus rocas vibraban y les hacían vibrar, porque en ese lugar y no en otro, al hacer sonar sus instrumentos y sus propias voces, la fuerza de los elementos, unida a la energía de la madre tierra, les hacía vibrar a ellos también, y vibrar en estos términos no significa otra cosa que conectar. Conectar con lo más profundo de la tierra, con el alma mater de la creación, con la espina dorsal del universo, con la vida y la muerte, con el despertar. Y es que a partir de este momento, no dude ni un momento en ponerme en contacto con Margarita, para solicitar en primera persona, algunas conclusiones a sus investigaciones. Muy amable, se prestó inmediatamente a proporcionarme algunos trabajos publicados y a ayudarme en cualquier duda que tuviese en el proceso de investigación. Sin duda alguna, lo que había comenzado como una única pregunta, estaba tomando forma, y una enorme cantidad de información comenzaba a amontonarse en mi mesa de estudio. Habían pasado cinco meses desde que comenzara a escribir este libro, y me daba cuenta, que cuanta más atención prestaba, mayores eran las sorpresas que recibía. Leer y releer mis escritos una y otra vez, era una parte fundamental del día a día, pues a poco que rebuscara, una nueva teoría tomaba partido sobre lo escrito.

Pero lo más importante de todo, es que mis primeras impresiones sensitivas sobre el terreno, sin ninguna información sobre arte rupestre o paleolítico, me habían conducido a la comprobación posterior de que mis sentidos no se equivocaban y de que el ser humano puede conectar con un lugar, simplemente dejándose llevar por todas y cada una de las sensaciones que el paraje de los Charcos de Quesa, le proporciona. La comunicación no verbal entre la naturaleza y el hombre no tiene fronteras, ni edades, no tiene idiomas ni conocimientos. La conexión entre la tierra y el hombre se produce sin más. Es ó no es. Pero no se fuerza ni se busca. Cualquier día en cualquier lugar se siente, y el resultado es el cambio. Sin más. A partir de ese instante, no hay retroceso. No hay marcha atrás. A partir de entonces, una pequeña llama se enciende en el corazón del buscador, las preguntas resuenan en la mente, como ecos de un pasado que renace, y la única manera de responder, es continuar la marcha hacia lo desconocido, rasgando el velo de la duda y despejando las incógnitas de la ecuación. La realidad intangible o los conocimientos escritos de tantos buscadores, se aproximan a la realidad visible y la conciencia se expande, como si de una masa elástica se tratara, porque lo sabido no es nada comparable con todo lo que nos queda por aprender. Tan solo, al abrirnos a los sentidos, permitimos a esa masa dilatarse, para que pueda albergar, más conocimiento, experiencias y por ende, mayor bienestar y felicidad.

De este modo fue cómo me introduje, en las investigaciones de la profesora Margarita y de otros especialistas y concluí en algunos resultados muy positivos para la investigación.

En el arte Postpaleolítico, Mesolítico en adelante, según las investigaciones llevadas a cabo por algunos especialistas en la Valltorta, se demuestra, que en lugares donde hay más sonoridad es donde se encuentran las pinturas. Y dependiendo de los niveles vibracionales, hay mayor número de pinturas. La buena acústica, los ecos y las reverberaciones comienzan, cuando aparece el arte rupestre.

Las investigaciones parecen estar siendo bastante esclarecedoras al respecto, y existe una gran posibilidad de que nuestros antepasados marcaran esos rincones especiales que les resultaban más propicios para realizar sus reuniones, fiestas, rituales o cultos, con sus pinturas. Si esta hipótesis fuese cierta, el Abrigo del Voro, habría sido escogido y marcado especialmente entre el resto de abrigos que le rodean, por nuestra tribu de los arqueros, para realizar sus danzas, sus rituales, sus encuentros e iniciaciones, por la fuerza de la resonancia de su piedra. Hablaríamos nuevamente del poder del elemento tierra sobre el ser humano y la importancia del mismo para producir cambios importantes en la conciencia humana.

David Lewis-Williams, en su libro "La mente en la caverna" también dedica unos párrafos a investigaciones similares, teniendo en cuenta la hipótesis:

"de que algún tipo de actividad musical o rítmica, probablemente tuvo lugar en las cuevas del Paleolítico Superior (...). Los hallazgos indican que es más probable que las áreas resonantes tengan imágenes que las tengan las áreas no resonantes"[31]

[31] DAVID LEWIS-WILLIAMS. La mente en la caverna. Akal.2005.Madrid.

Arqueoacústica de la Cueva del Parpalló (Gandía)

El hombre no creó intencionadamente este espacio sonoro, en todo caso lo eligió. (...)Debido a su especial geometría, Parpalló goza de unas características de inteligibilidad muy superiores al resto de cuevas habitadas."

NOE JIMÉNEZ GONZALEZ

Me gustaría destacar un estudio con el que me topé por casualidad en mis investigaciones y que es el resultado de la tesis doctoral de Noé Jiménez González[32] sobre la posible acústica de la Cueva del Parpalló en Gandía.

Según el autor, la cueva goza de unas características acústicas excepcionales, especialmente tanto para la transmisión de mensajes, como para haberse convertido en un excelente lugar de reunión, donde las galerías superiores, podrían haber servido como oratorios para grandes reuniones sociales o rituales. De este modo, a título personal, añadir como ejemplo la posibilidad de que nuestro Abrigo del Voro, al igual que otros muchos abrigos y cuevas también hubiesen servido a los hombres y mujeres de la prehistoria, como posible escenario para sus danzas, fiestas, reuniones o rituales, dejando en sus paredes, la impronta de aquellas danzas y fiestas. Como señales de un tiempo pasado, que sigue presente frente a nuestros ojos, cuando observamos aquellas hermosas y delicadas pinturas.

---

[32] NOE JIMÉNEZ GONZALEZ. Estudio de las características acústicas de la cueva de Parpalló. Trabajo final de carrera. 2007. Gandía. Universidad Politécnica de Valencia. Escuela politécnica superior de Gandía.

ENTRADA CUEVA DEL PARPALLÓ

Fotografía de la autora

CUEVA DEL PARPALLÓ DESDE DENTRO

Fotografía de la autora

Silverius de Ura NEÓNIMUS: Una respuesta atemporal, un canto eterno

Otro tipo de investigación no menos importante es la que recientemente está llevando a cabo Silverius Cavia, o más conocido como Neónimus[33], un hombre-músico que despierta a la piedra y se comunica con ella a través de sus cantos en el interior de cuevas, iglesias y otros lugares mágicos.

En cuanto supe de él, a raíz del programa de radio Milenio 3, de Cadena Ser, no pude más que hacer lo que hoy, todo el mundo hace, introducir su nombre en Internet y allí estaba su página web, sus creaciones, su historia, su razón y su forma de contacto. Tras escuchar el sonido de aquella flauta que él mismo había confeccionado y la había hecho sonar a través de las ondas de radio, supe, al instante, que tenía que hablar con aquella persona, ya que podía constituir una pieza clave en mi investigación. Su rápida respuesta me cautivó y me llenó de júbilo, alegría y esperanza.

Mis arqueros, vivieron hace 8000 años, según las investigaciones hasta el momento. Como no tengo la posibilidad de preguntarles a ellos, Neónimus se convirtió en mi punto de anclaje entre un pasado muy lejano y un presente desconocido. Entre el ayer y el hoy. Entre mis arqueros y mis sentidos. Tan solo quise saber qué le movía a cantar y realizar música en el interior de cuevas, abrigos o catedrales e iglesias, ya que todo, parece cumple la misma función en el ser humano.

---

[33] AUDIO ECOS REMOTOS, MILENIO 3, Cadena Ser. Entrevista a Silverio Cavia (Neónimus). 10 de octubre de 2013. Madrid.

¿Por qué canta Neónimus en el interior de la madre tierra, 10.000 años después?

"Sinceramente, creo que las cuevas tienen algo "especial". Nos permiten introducirnos en el interior de la Tierra, y supongo que en la antigüedad la relación de los seres humanos con la Naturaleza (con la Tierra), era más intensa y eran más conscientes de su dependencia de ella: el clima, los ríos, las estaciones del año... y posiblemente introducirse en el interior de la Tierra tendría algo de "volver al interior de la Madre", más o menos como un refugio ante lo externo, y el lugar más adecuado para celebrar ritos de carácter iniciático o espiritual.

Creo que las iglesias, las ermitas, y especialmente los monasterios, son los herederos de aquel espacio: grandes (o pequeñas) bóvedas de piedra en las que se cultiva la espiritualidad y se realizan ritos sagrados. Unas neo-cuevas artificiales, construidas por el hombre. Y ambos lugares (cuevas y templos), comparten otra característica: la transformación del sonido. Son lugares donde los sonidos reverberan, se alargan, se potencian los armónicos, o se ahogan. Me parece fascinante, y creo que de alguna forma, esto sería también percibido y valorado en la antigüedad. Luego, y aunque hay personas que me miran de forma escéptica cuando me atrevo a decir esto, hay sitios en los que me siento realmente bien, y otros que me generan desasosiego y ganas de irme de allí. Yo no sé a qué se debe. Algunas personas hablan de vórtices de energía positivos o negativos. Yo no lo sé, pero hay algunos lugares (cuevas, ermitas, templos, parajes naturales...) donde me siento muy a gusto, y mi inspiración se dispara. En esos espacios puedo pasarme horas cantando y experimentando con la voz y mis objetos."

Silverius de Ura Neónimus

Hombre y ciencia. Ciencia y hombre. Tan unidos y tan dispares a veces, que no aciertan a responder mediante el método, lo que ya está inserto en nosotros como un código que se percibe, más allá de los sentidos. No con la mente, sino con el alma.

Escuchar el todo, sentirlo y experimentarlo, en cada una de sus diferentes facetas, desde la musicalidad, la danza, el canto o la pintura, hasta escuchar el silencio en medio del gotear de una estalactita, el murmullo del viento a través de una oquedad o el olor a tierra húmeda en el interior de una cueva. Todo ello es la vida. Y ellos, nuestros ancestros, ya lo sabían.

Meses después de aquel primer contacto con Neónimus, tuve la oportunidad de experimentar por mi misma el canto de una voz mística, en el interior de una cueva muy especial, totalmente a oscuras y por sorpresa, aquella compañera de visita comenzó a entonar una serie de cánticos repentinos como salidos de las mismísimas entrañas de la tierra, pero querido lector, ésta, es otra historia...

CAPITULO 5
¿Qué son los lugares de poder?

"Un lugar de poder sería (...), determinado enclave natural que, por sus características o por su ubicación, propiciaría en ciertas circunstancias místicas el despertar o la iluminación del ser humano, colocándole en una situación alterada de conciencia que le permitiría alcanzar unos grados muy concretos de poder mágico y de experiencia paranormal (...) tales lugares (...) solo pueden ser reconocidos y utilizados por aquellos que previamente han recibido una iniciación."

Juan García Atienza

"Un lugar de poder está situado en un punto donde emana una fuerza de la tierra suficientemente potente, para que el ser humano conocedor, pueda utilizarla y aplicarla en su beneficio"

Jesús Callejo[34]

A pesar de que hoy en día, ya no revelamos fotografías y que por el contrario las descargamos en nuestros ordenadores, descubrimos una vez más que la cámara fotográfica no capta la magia, el sonido y la energía del lugar. Esta observación me hizo llegar a la conclusión de que hay algo más que aquello que ve el ojo humano a simple vista, cuando el caminante visita determinados lugares. Ese algo de lo que carece la cámara de fotos.

---

[34] ENTREVISTA A JESÚS CALLEJO. Audio Lugares de Poder. Programa: Boira, ciencia y misterio.

Se le puede conocer como alma o espíritu, por ello, por más que nos embebamos de fotografías y videos, jamás podremos sentir la majestuosidad del lugar o determinar si este o aquel es un lugar de poder o sagrado, sino pisamos la tierra, nos bañamos en sus aguas o respiramos el viento que sopla a través de las ramas de los árboles. Si bien es cierto, que todo el material audiovisual del que disponemos hoy en día, es más del que nuestros ojos podrán visionar en toda nuestra trayectoria vital, y si además este material nos ayuda a soñar e imaginar, nos emociona e incluso nos levanta del sillón, también es cierto, que nunca podrá llegar a plasmar lo intangible, porque la cámara jamás podrá atrapar, la verdadera energía que fluye en cada rincón de la naturaleza viviente. Y fue exactamente por encontrarme en plena naturaleza, que la sensación a modo de sms, llegó a mi cerebro conjugando la siguiente información:

"Paraje Los Charcos de Quesa, lugar de poder"

Dicha frase apareció como un código primario que tendría que descifrar.

Así llegué nuevamente a Juan Ignacio Cuesta Millán y al capítulo cinco de su libro Lugares de Poder, para verificar si ciertamente el paraje de los Charcos de Quesa, podía ser considerado un lugar de poder respondiendo a las definiciones que describía en su libro.

Atendiendo única y exclusivamente a las características del paraje de los Charcos de Quesa, me limitaré a definir, aquellas características que podrían convertirla en una tierra mágica y poderosa en la prehistoria y en la actualidad.

CARACTERÍSTICAS FÍSICAS

"En un lugar de poder, siempre estará presente uno de los cuatro elementos primordiales de la naturaleza."[35]

Nuestro paraje reunía la fuerza de los cuatro elementos, como describimos a continuación.

FUEGO

El Sol, como fuente inagotable de calor y energía divina, majestuosa y primordial, que nos da la vida en cada nuevo amanecer. Que nos nutre de la energía primigenia para que nuestro organismo crezca sano y saludable y nos ayuda a que asimilemos de una forma natural, todas las vitaminas que consumimos diariamente.

"El fuego es la expresión de todo poder. Purifica. Es el "transmutador" de la materia. Dios tonante y estremecedor que estalla iracundo. La energía del universo que promociona la vida donde sea posible."[36]

AIRE

Queixen o Quesa, bautizada por los árabes como tierra azotada por los vientos de poniente.

"El aire es la materia invisible, imprescindible en todo recinto. Hace vibrar las rocas y las hace sonar como si fueran un arpa. Esculpe las rocas y transforma la lluvia. Pinta el horizonte con el juego infinito de luces de la biosfera."[37]

---

[35] JUAN IGNACIO CUESTA MILLAN. Op.cit
[36] JUAN IGNACIO CUESTA MILLAN. Op.cit
[37] JUAN IGNACIO CUESTA MILLAN. Op.cit

AGUA

Tierra bañada por el Río Grande, afluente del Río Escalona, con hermosas y caprichosas pozas a lo largo de todo el trayecto, donde el caminante puede bañarse y sentir la energía en estado puro.[38] En contacto con su frescura y su virginidad, el agua de las cascadas, dota al iniciado de un bautismo esotérico, y le permite comenzar el camino, limpiando las impurezas y entregándose a la tierra como nuevo neonato en ascenso hacia la divinidad.

AGUAS SUBTERRÁNEAS O TELÚRICAS

Existe en esta enigmática tierra, otro lugar, no visible al ojo humano, donde un segundo torrente de agua, discurre bajo la sagrada tierra, circulando por el mismo camino, de forma subterránea y absorbiendo toda la energía que surge del interior de la tierra. Del mismo modo la expulsa al exterior, a través de las plantas, árboles, y diferentes aberturas naturales, que se encuentran en puntos estratégicos, como las aguas termales de Navarrés (Pueblo contiguo a Quesa).

"El agua es el caldo donde perviven los enigmas más profundos. La puerta mágica que da acceso a otras realidades. Simbólicamente se usa en ritos de purificación y arrastra las inmundicias del cuerpo y del alma. Es la que sostiene, hace crecer y nutre a las plantas y a los animales. Es libre e impredecible."[39]

"Las corrientes subterráneas eran consideradas como propiciatorias de la trascendencia en el transcurso de ciertos rituales a los que no todo el mundo tenía acceso"[40]

---

[38] Las Pozas o Charcos se forman por buzamientos de los extractos calizos que forman la geología de la zona. Sus nombres son el de la Horteta, de las Fuentes, de la Cacerola, de la Bañera y del Chorro. ENRIQUE PEÑALVER, Profesor.
[39] JUAN IGNACIO CUESTA MILLAN. Op.cit
[40] JULIO GONZALEZ ALCALDE. 1993.

TIERRA

Piedra caliza, arenisca, tierra roja y las enormes formaciones rocosas que se levantan majestuosas ante el tamaño insignificante del caminante, comparado con su altura, belleza y recogimiento.

Para Juan Ignacio Cuesta, *"la textura es la superficie de todas las rocas sometidas a la acción del aire, agua y fuego."*[41] Y la piedra caliza, natural en Quesa *"es el lienzo donde se realizaron las primeras representaciones artísticas."*[42]

HOMBRE

Podría definirse como el quinto elemento que conforma el círculo de los elementales propuestos por Paracelso[43], ya que a través del hombre, los cuatro elementos actúan como realidades visibles en su mente, originándole beneficios, a través de su uso. Es por tanto, el ser humano consciente o inconscientemente, el que aprovechará la fuerza de estos lugares y vivirá experiencias diversas. Desde la simple relajación, hasta estados alterados de conciencia, donde se pueden visionar mundos paralelos, sentir presencias, experimentar curaciones milagrosas o estados corporales y mentales muy benéficos para la salud.

---

[41]JUAN IGNACIO CUESTA MILLÁN. Op.cit.
[42]JUAN IGNACIO CUESTA MILLAN. Op.cit.
[43] PARACELSO: Felipe Aureolo Teofrasto Bombasto de Hohenheim. Médico alquimista 1493-1541.

Tras la búsqueda de la trascendencia

Más allá de lo científicamente comprobable y mensurable, como puedan ser los campos magnéticos de un determinado lugar, existen otra serie de fenómenos extrasensoriales, que pueden presentar en ocasiones un componente subjetivo o no, en el ser humano, y que lo dotan de una especial trascendencia espiritual, más allá de los sentidos.

Estas experiencias, según *Jesús Callejo*[44] y otros investigadores, pueden estar en función de los estados de ánimo del visitante, y pueden producir mucha paz, o en cambio estados alterados que provoquen angustia, cansancio o simplemente malestar.

Todo ello en función de la vibración del lugar. Estaríamos hablando de la energía que se manifiesta para nosotros en un lugar.

---

[44] Entrevista a JESÚS CALLEJO, Op.cit.

La percepción de lo sutil

"Dependiendo de la sensibilidad y la inclinación psíquica de un ser humano, éste puede llegar a sintonizar con aspectos de su interior, actuando así como catalizador[45] para su propio estado de ánimo"
Jesús Callejo

La tribu de los arqueros, debió de sintonizar con aquel lugar, mucho antes de que el ser humano fuese capaz de describir y definir todos estos conceptos. Y sintonizó, porque así lo dejó grabado sobre la piedra.

El hecho de que su alfabeto fuese en apariencia inexistente, no implica que sus danzas y sus pinturas no evoquen más de lo que puedan describir las palabras. De alguna manera, nuestros antepasados conectaron con el lugar, bien amplificando sus propias energías, bien mediante experiencias que alteraron su conciencia y les abrieron a nuevas realidades y conocimientos, o bien desde experiencias chamánicas que les hicieron trascender como seres humanos a otros estadios superiores del espíritu.

---

[45] **CATALIZADOR:** Que acelera o retarda una reacción química sin participar en ella. "los catalizadores positivos aceleran la reacción, mientras que los negativos la retardan" Adjetivo/nombre masculino [persona, cosa] Que atrae, conforma y agrupa fuerzas, opiniones, sentimientos, etc. Fuente: Wikipedia.org.

De igual forma que nuestros arqueros decidieron hacer de Quesa, su primer hogar y plasmar la fuerza de sus primeros santuarios en los abrigos y cuevas, nuestra disponibilidad de apertura a la magia y energía de Los Charcos de Quesa, nos conectará con las fuerzas de la naturaleza y nos sentiremos en comunión con ella.

Características espirituales

Atendiendo a las características espirituales relatadas por Juan Ignacio Cuesta, Los Charcos de Quesa y concretamente el Abrigo del Voro se transforman desde el punto de vista antropológico en símbolos de poder para los hombres, donde realizaron rituales y ceremonias, probablemente buscando el favor de los dioses o tótems. Desde el punto de vista mágico, *"sería en este espacio sagrado, donde los objetos rituales reciben la fuerza que permite utilizarlos como llave que activa los poderes ocultos."*[46] Nuestra tribu de los arqueros, consideró de alguna forma, que aquel abrigo natural de piedra caliza, forjado tras años y años de continua erosión, era un lugar mágico por excelencia para la comunicación con sus seres de culto y la realización de sus rituales. Al mismo tiempo y respondiendo a las elecciones de la mente humana, Quesa sería sin duda un lugar ya conocido por ellos. Les hacía vivir tranquilos y en paz consigo mismos y con el entorno. Les proporcionaba buen clima, caza y morada. Y lo que es más importante se convirtió durante un tiempo en su refugio corporal, mental y espiritual.

---

[46] JUAN IGNACIO CUESTA MILLAN. Op.cit.

Características en cuanto a su localización

Sin lugar a dudas, nuestro lugar de poder responde a las características de templo natural por excelencia para la tribu de los arqueros. Enclave donde la mano del hombre moderno no ha construido nada.

Todas y cada una de las manifestaciones tanto magnéticas como telúricas y/o energéticas que allí puedan llegar a producirse, responden al caprichoso orden de la naturaleza, que actúa como un reloj, donde las varillas en movimiento son las estaciones, y los minutos y los segundos, las claves que nos hacen cambiar nuestros estados en determinados momentos y posiciones.

Sus efectos beneficiosos para el reino vegetal y el reino animal, son igualmente comprobables por los humanos. Y nada de lo que allí sucede puede explicarse sin la magnificencia del orden natural de las cosas. La mano divina que obra en la tierra.

Características en cuanto al uso del lugar

Y llegados a este punto nos planteamos las siguientes cuestiones:

- Si nuestros antepasados utilizaron el Abrigo del Voro como santuario sagrado donde celebrar sus ritos, podemos pensar, que el lugar se dedicó en algún momento a la comunicación con el mundo de los espíritus, y por tanto está cargado de misticismo.

- Si las plantas y animales, todavía son capaces de habitar en este entorno natural, y el ser humano es capaz de visitarlo y sentir que una extraña fuerza le transforma de forma positiva, podemos creer que el lugar está cargado de una fenomenología oculta que hay que descifrar.

- Si nuestra tribu de los arqueros, danzaba para pedir favores a sus dioses, tótems o espíritus sagrados, para agradecerles un buen acto, podríamos barajar la posibilidad de que formara parte de un laudatorio[47] natural.

- Si pensamos en lugares lustrales que nos purifiquen a través de la fuerza limpiadora del agua, las pozas de Quesa y sus cascadas o chorros caprichosos y naturales, son un buen ejemplo de ello.

- Si nos fijamos en sus montañas, quizás guarden secretos sin desvelar para el hombre del futuro, por las características de sus rocas o minerales.

- Y si atendemos a las investigaciones que nos van llegando a medida que nos vamos adentrando más y más en la búsqueda de significados, nos sorprenderemos con el enorme abanico de posibilidades que nos aproximan cada vez más a responder a nuestra eterna pregunta ¿Por qué danzan los arqueros y por qué pintaban sobre las paredes de abrigos o en cuevas? Todo un microcosmos prehistórico, dentro de nuestro cosmos, que se amplía a cada paso.

---

[47] **Laudatorio:** alabar entidades sagradas en busca de todo tipo de mercedes. A cambio obtendrá su favor y generosidad. Definición de Juan Ignacio Cuesta.

Todo esto y el resto de características que pueda presentar el lugar para ser considerado como lugar de poder, serán siempre subjetivas al ser humano que se adentre en sus tierras, que se bañe en sus aguas y que decida abrirse a la naturaleza circundante, que queriendo o sin querer pueda sentirse como un Ser Unitario Absoluto (AUB)[48], más allá de toda prueba aparentemente científica, antropológica o histórica que se pueda aportar.

Las respuestas, nos vendrán dadas, ya que según James Lovelock, experto de la NASA, y tras muchas investigaciones en proyectos de búsqueda de vida extraterrestre, afirma que:

"los seres vivos eran capaces de modificar la atmósfera terrestre"[49].

Quizás ha llegado el momento de sondear de nuevo el planeta Tierra en busca de nuevos lugares de poder, siguiendo la senda del iniciado y la búsqueda de la trascendencia espiritual. Nuevos lugares que nos proporcionen bienestar, o maravillosos misterios que descubrir.

---

[48] **Ser Unitario Absoluto (AUB):** Sensación de fusión con el cosmos. Los sujetos se sienten liberados de este mundo ininteligible y creen que tienen acceso a un conocimiento, de "la vida de las cosas". Dentro de la mente neolítica. DAVID LEWIS-WILLIAMS, DAVID PEARCE. Akal. 2009. Madrid.
[49] JUAN IGNACIO CUESTA MILLAN. Op.cit.

Charcos de Quesa

Charco del Chorro(Quesa)

Purificación y renacimiento bajo las aguas

Entrada en una cueva de Xátiva

Maravillas de la naturaleza, Quesa

Lago de Quesa

Pozas de aguas frescas y cristalinas, Quesa

Fotografías de la autora

CAPITULO 6

El chamán-mago-brujo

"Hay otras formas de conocimiento, otras maneras de contemplar la realidad, que nada tienen que ver con lo que enfáticamente llamamos racional y que, sin embargo, son igualmente cerebrales.
Intuición, pálpito o corazonada, cuando se manifiestan, resultan más fiables para tomar una decisión, que el análisis objetivo de las circunstancias"[50].

Fernando Jiménez del Oso

Abrigo del Voro, un viaje atemporal

Cuando el caminante llega al Abrigo del Voro, cansado de andar y entra en contacto con la representación rupestre de la tribu de los arqueros, se produce un silencio casi espectral y una emoción muy pocas veces descrita. Más allá de su tamaño, color o ubicación, el iniciado cierra los ojos y trata de imaginar y recrear aquella escena.

Todos los sentidos se paralizan y un sexto sentido, comienza a hacer acto de presencia.

Como si de repente nuestra memoria ancestral resucitara en nuestro cerebro primigenio, los arqueros comienzan a dejarse llevar por una inusitada melodía compuesta por golpes toscos y secos sobre una superficie dura. Acompasados y febriles, los arqueros danzan a la luz de la

---

[50] FERNANDO JIMÉNEZ DEL OSO. Lugares de Poder. Nowtilus. Madrid. 2003.

hoguera. Se tambalean de un lado a otro, levantan sus arcos, recrean más melodías con las cuerdas primitivas y poco a poco se zambullen en una especie de éxtasis tribal que les hace perder la noción del tiempo y del espacio. De su cuerpo y de los demás cuerpos. De la materia y de la vida, y se adentran en el desconocido e invisible mundo de los espíritus.

La sombra precede al Chaman que con grito y golpe seco, aparece en la escena a escasos metros de los demás. Cubierto con la piel del jabalí, tótem del clan, comienza a danzar en círculo y aproxima su rostro a escasos centímetros de los rostros de los demás. Aspira sus energías, lee en sus mentes y se comunica con su espíritu. Acto seguido las visiones comienzan a ocupar su mente.

Tras mojar la punta de su pincel con pigmento rojo, compuesto por óxido de hierro y agua, se dispone a trazar una serie de puntos.

El Chamán se encuentra en el primer estado del trance. Continua danzando, los demás le observan, mientras las palpitaciones en sus pechos se van tornando más y más sonoras. Las figuras representadas comienzan a tomar forma y se transforman en líneas, flechas y círculos. Se trata del segundo estadio del trance.

Los demás comienzan a entonar sonidos, mientras sus manos golpean las pieles de sus tambores. A la señal del Chamán, todo se torna silencio y oscuridad. La sabia mano, comienza a trazar suaves pinceladas, que darán lugar a la representación de la visión. Largas y estilizadas figuras aparecen en la pared del abrigo, mientras toda la tribu desfallece.

El chamán ha llegado al tercer estadio del trance. El ritual ha sido un éxito. Y nuestros arqueros quedarán inmortalizados para siempre.

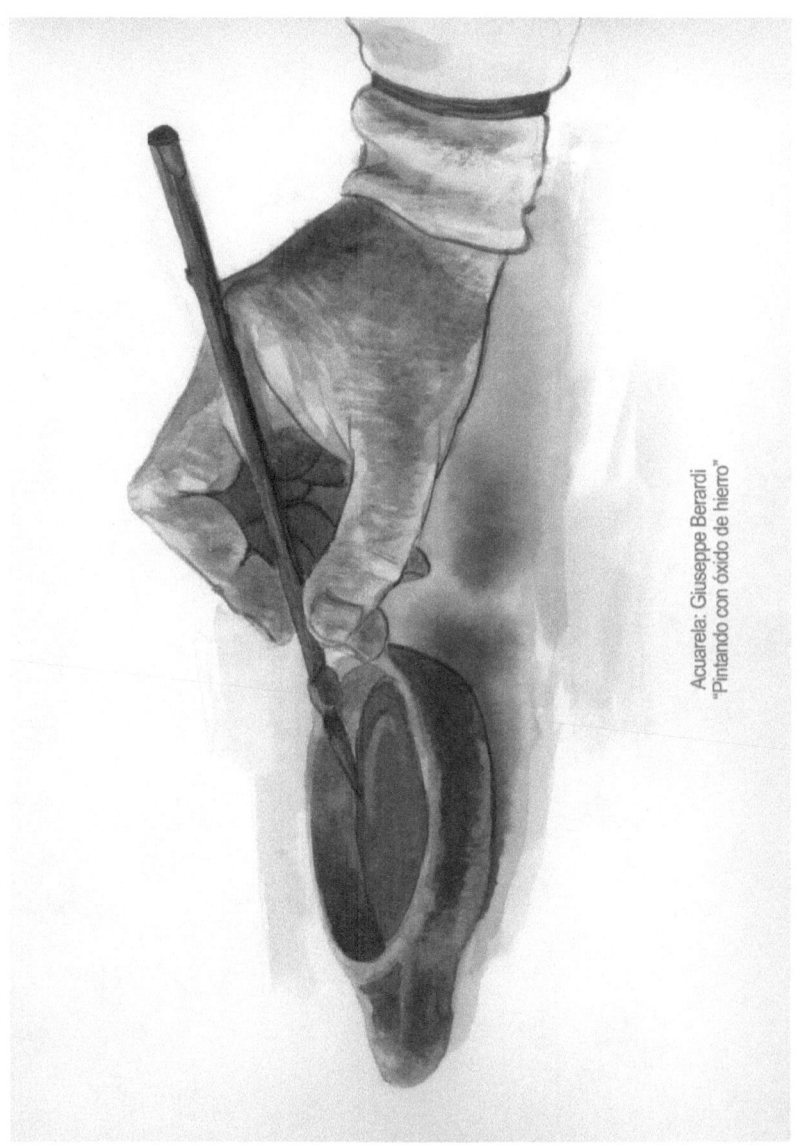

Acuarela: Giuseppe Berardi
"Pintando con óxido de hierro"

105

Excavando en la Historia...

Son muchos los autores, como Jean Clottes, David Lewis-William, Leroi-Gourham, Mircea Eliade, Nora Gordon o Laming-Emperaire, Henri Breuil, entre muchos otros, que han tratado de investigar y llegar a conclusiones a cerca de las pinturas rupestres del Paleolítico Superior, Mesolítico y Neolítico, el Chamanismo y la relación entre ambos.

Sin estar del todo claro y trazando una línea muy fina entre el Paleolítico Superior Final, el Mesolítico[51] y el principio del Neolítico, podríamos situar el Arte Levantino, y por ende a nuestra tribu de los arqueros.

Datados como muestran las investigaciones en 8000 a.C. las pinturas rupestres del Abrigo del Voro, responden a unas formas muy características del Arte Levantino.

Son más esquemáticas, monocromáticas y estilizadas.

Distan del resto del Paleolítico, en su representación de figuras humanas, donde lo más habitual, suele ser la representación de animales.

Esta diferencia y otras muchas, son las que llevaron a la definición de Chamanismo, a la clasificación de los estados del trance o al entendimiento de los estados alterados de conciencia del cerebro humano.
Porque si por aquel entonces, y son muchos los años que nos separan, el comercio del arte o el arte por el arte, no formaba parte de la psique y lenguaje humano:

¿Por qué están representados en las paredes del Abrigo del Voro cuatro arqueros danzando?

---

[51] **Mesolítico:** Periodo de transición entre Paleolítico Superior y Neolítico. Ocupa desde el 10.000 a.C. hasta el 8000 a.C. dependiendo de zonas geográficas.

Chamanismo

Según la definición de Mircea Eliade,

"Chamán proviene de la lengua Manchu-Siberia-Alaska, y significa persona con poder, sabio, asceta, monje. Persona que accede a las etapas trascendidas del espíritu, mediante el uso y la práctica de estados alterados de conciencia. Son personas que se comunican con lo otro, con lo no visible. Son personas que en verdad desarrollan la inteligencia (INTER LEGERE: LEER POR DENTRO)."

Compartiendo la opinión del mismo autor, podrían haber sido los chamanes los responsables de la evolución de nuestra especie, por ver donde nadie más puede llegar. Porque no tienen miedo a lo desconocido, no temen a la muerte, se enfrentan a la oscuridad y a la otra realidad y son capaces de representar posteriormente lo vivido en sus estados de trance.

Los chamanes podrían haber sido los pintores de todos los tiempos, los escritores del futuro, las almas errantes que trascienden a la materia y tornan sublime la belleza del espíritu humano y de los elementales que nos rodean, aunque, no seamos capaces de vislumbrar más allá de nuestra propia nariz.

Algunas investigaciones científicas apoyan estas ideas, ya que serían los chamanes, los que al detentar el poder y el respeto del resto de la comunidad, serían los responsables de conducirles a todos a nuevas formas de vida y supervivencia, a través del poder de la religión y del respeto que la comunidad les ofrecía.

Los tres estadios del trance

Fueron Lewis-Williams y Dowson en 1998, los que propusieron el modelo de los tres estadios del trance.
En primer lugar, el estadio número uno, se caracteriza por la repetición de fenómenos entópticos[52], con la percepción de formas geométricas.[53]

El estadio número dos, se caracteriza por el intento de razonamiento de la mente para otorgar significado a las formas. Trata de organizar las figuras mientras se encamina a través de un pasadizo o túnel, hasta que al salir de él, llega al tercer estadio donde es capaz de plasmar figuras de animales, humanos o escenas de toda índole. Es el tercer estadio, el de la alucinación en mayor grado. El Chamán, puede entablar entonces la comunicación con sus dioses o tótems, ver el futuro, observar diferentes escenas del pasado o del futuro de su clan o tribu e incluso comunicarse mentalmente con los mismos miembros de su clan, que se encuentran a escasos metros de él.

Estados alterados de conciencia

Los tres estadios del trance formarían parte de aquello que la Neuropsicología reconoce como estados alterados de conciencia. Responden al sistema nervioso humano, incluso hay autores que afirman que también los animales puedan tener estados alterados de conciencia, por lo que ya nuestros arqueros, poseerían el mismo tipo de sistema nervioso que el ser humano en la actualidad.

Más allá de las ensoñaciones, estados de vigilia y sueños propiamente dichos, existen momentos en los que las

---

[52] **Entópticos**. Que tienen lugar dentro del ojo.
[53] Chamanismo en las cuevas paleolíticas. JEAN CLOTTES. Ponencia defendida ante el 40 congreso de filósofos jóvenes. Sevilla. 2003.

percepciones y sensaciones de la conciencia humana se ven alteradas, diferentes, anormales o desvirtuadas. Así, hay momentos en los que algunos seres humanos puedan vivir experiencias que para ellos son totalmente reales, porque así se lo muestra su cerebro, y en cambio para los que observamos desde fuera, puedan parecer auténticas locuras fantasmagóricas o dignas de cualquier sala de hospital psiquiátrico. Pero más allá de su desarrollo, existe una parte muy importante dentro del análisis de tales conductas, de la cual se ocupa la Neurociencia y es buscar la causa o causas que han originado determinado estado en nuestra visión de la realidad.

Como posibles desencadenantes de estos estados, se fija la visión casi siempre en sustancias consideradas alucinógenas, psicotrópicas o comúnmente drogas naturales como los hongos o setas alucinógenas y químicas o de diseño, elaboradas por la mano humana a partir de compuestos naturales como la cocaína o LSD.

Pero no todos los estados de conciencia alterados responden al mismo modus operandi. Existen en cualquier lugar, situaciones en la vida del ser humano que todos hemos vivido o podríamos llegar a vivir, como la pérdida de un familiar y la consiguiente situación de estrés post traumático, un accidente, frío intenso, calor excesivo, falta de sueño, ayuno permanente, enfermedades diversas, la oscuridad, el silencio prolongado, la excesiva concentración en un tema concreto, determinadas músicas y sonidos, efectos lumínicos o incluso una mala digestión pueden perturbar nuestra conciencia, y hacer que de repente, como le ocurría al chamán, seamos capaces de tener visiones espeluznantes o maravillosas, que lleguemos a entrar en los diversos reinos de los elementales o acabemos hablando con los dioses.

Los estados alterados de conciencia, pueden ser muy beneficiosos o por el contrario nos pueden hacer sufrir.

Si en completo silencio y en soledad, en medio del camino de los Charcos de Quesa, llegásemos a sentir una experiencia similar al trance casi hipnótico de nuestro Chamán, estando en total armonía con la naturaleza, podríamos alcanzar el estado como seres unitarios absolutos. Esto nos llenaría de alegría, entusiasmo e ilusión por la vida y podría ser una prueba de la magia del lugar.

Si el frío prolongado de las límpidas aguas que discurren por todo el camino, nos provocara un estado alterado de nuestros sentidos, en el cual nos sintiéramos renacer en todo su esplendor, sería otra prueba irrefutable del maravilloso beneficio que este paraje natural o cualquier otro, produce en el ser humano.

Si en cambio tomamos sustancias e incluso abusamos de ellas, podemos hacer que nuestro cerebro equivoque tanto las percepciones, que nos introduzca en caminos infernales, donde sufriremos, alucinaremos y lo pasaremos absolutamente mal.

De una u otra forma, nuestra tribu de los arqueros, tuvo que sentir al menos, estados reiterados de alegría y júbilo, para danzar y ritualizar aquel momento y materializarlo sobre las paredes del Abrigo del Voro.

Cerebros con capacidades chamánicas

Las últimas investigaciones de la neurociencia y neuropsicología en el funcionamiento del cerebro humano hoy y en la prehistoria

No podía dejar pasar la oportunidad, de citar con especial relevancia dos de los libros del autor Lewis-Williams, "LA MENTE EN LA CAVERNA" y "DENTRO DE LA MENTE NEOLÍTICA", pues una vez me adentré de lleno en el mundo de la prehistoria, aparecieron frente a mis ojos, como las últimas novedades, últimas hipótesis y nuevos replanteamientos, acerca del funcionamiento del cerebro del hombre prehistórico, desde el punto de vista de su organización social, de su arte y de su religión tanto del Paleolítico Superior, como Mesolítico y Neolítico.

Resulta relevante pues, en el capítulo que nos ocupa, llegar a establecer una fuerte relación según las últimas investigaciones en neurociencia y neuropsicología, entre la figura del chamán y el funcionamiento del sistema nervioso de su cerebro y del nuestro. Siguiendo las investigaciones que se describen en estos dos libros, y tratando de resumir de forma breve su contenido, cabe decir que existe un universal absoluto que se repite en todos los cerebros humanos, respondiendo al funcionamiento del sistema nervioso, incluso el cerebro del hombre prehistórico.

Dependiendo del entorno cultural, de la época, de la edad y del sistema de signos y símbolos, reinante en cada ser humano, estos universales serán interpretados de diferentes formas, pero todos responderán a un esquema neurológico, conocido como espectro conciencia compuesto por tres fases o niveles[54]:

FASE 1: Fenómenos entópicos

FASE 2: Dar sentido a los fenómenos a partir de objetos que le son familiares

TUNEL O VORTICE

FASE 3: Alucinaciones[55]

Resaltar que resulta de especial relevancia, acudir a las fuentes y tratar de entender el modelo neuropsicológico, pues puede ayudar en gran medida, a desvelar muchos de los comportamientos humanos, tanto del presente como del pasado.

---

[54] DAVID LEWIS-WILLIAMS. La mente en la caverna. Akal. 2005. Madrid.
[55] DAVID LEWIS-WILLIAMS, Op.cit.

Los sonidos del trance

"La música es un fenómeno universal en el tiempo y en el espacio. (...). Es un vehículo para exteriorizar sentimientos. (...)La música es un fenómeno sociológico, que influye en los comportamientos y estados de ánimo y tiene repercusión social. (...)Es capaz de hacer buena o mala a la gente, purificar los afectos humanos o degradarlos, estimular conductas positivas o negativas"

Adalberto Martínez y Luis Naranjo (Música Y Cultura)

Resulta tan difícil determinar si en la prehistoria se hizo música, como encontrar a los artistas de las pinturas rupestres y saber el significado de las mismas.

La música en la prehistoria es otro de los grandes misterios que forman parte de la prehistoria humana.

La música entendida, por supuesto, como todo tipo de sonidos provocados por los humanos, con la intención de reproducir un sonido, repetitivo en el tiempo y en el espacio y que tiene una finalidad para el que escucha. Desde este punto de vista, como hace pocos días me dijo un arqueólogo *"es difícil decir que en la prehistoria se hacía música, a no ser que veas a un neandertal soplando una flauta."* Para que vean los lectores, que las hipótesis, en ocasiones, son difícilmente universales y verdaderamente muy complicadas, sino, imposibles de demostrar, desde el método científico. Pero como, son muchas las cuevas y abrigos donde se han encontrado restos arqueológicos de lo que parecen ser instrumentos musicales fabricados por nuestros ancestros, nos centraremos en la hipótesis de que nuestros ancestros danzan, porque existe un sonido provocado por alguien o algo, con un fin determinado. A pesar de que a diferencia de las pinturas rupestres, en el caso de la música, nos falte la parte más importante: el "hábeas delicti"[56] de la música, que

---

[56] ADALBERTO MARTÍNEZ Y LUÍS NARANJO. Música y cultura. Perspectiva Histórica. Aljibe. 2004. Málaga.

por su carácter fugaz, es imposible tener cualquier prueba fidedigna de que en la prehistoria, se hacía algo parecido a la música, como hoy la conocemos. Pero podemos imaginar, que la hacían, teniendo en cuenta la hipótesis de que su cerebro era como el nuestro y reaccionaba igual, frente a determinados impulsos. Quizás, aquellos hombres de la prehistoria, quisieron imitar en principio el canto de los pájaros, el sonido del trueno o el tintineo repetitivo de las gotas que resbalan por las estalactitas. Y para ello se sirvieron de elementos de la naturaleza como las cañas para realizar flautas, las piedras atadas a una cuerda para realizar la zumbadora, (instrumento que accionado mediante vueltas repetitivas y constantes, produce un sonido estridente y envolvente) y las pieles de animales sobre troncos de árboles huecos, para realizar tambores.

¿Pueden la música o los sonidos conducir al ser humano a un estado alterado de conciencia?

Muchos son los investigadores que han tratado de aportar respuestas, sometiéndose a experimentos personales, bien mediante la ingestión de drogas, bien con el sonido repetitivo del golpeteo de un tambor.

En casi todos los casos las respuestas conducen al mismo lugar: el cerebro y los cambios en su sistema nervioso, que en la mayoría de ocasiones, nos llevan a lo que conocemos como estados alterados de conciencia.

Algunos sonidos, dependiendo de su frecuencia, junto con movimientos repetitivos y otros aditivos, guían a nuestro cerebro, y cabe la posibilidad de que también condujeran a nuestros arqueros, a variaciones en sus sistemas nerviosos, hasta atravesar, las tres fases del modelo neuropsicológico descritas anteriormente. Y es que, "las investigaciones han demostrado que los tamborileos de baja frecuencia, producen cambios en el sistema nervioso humano e inducen estados de trance"[57].

---

[57]. DAVID LEWIS-WILLIAMS. La mente en la caverna. Akal.2005.Madrid.

Arqueoacústica, los ecos de la prehistoria

"La capacidad humana de comunicarse a través del sonido es uno de los mayores factores que han influido en nuestra evolución. La capacidad de articulación de sonidos por el hombre ha ido ligada al desarrollo de su inteligencia (...) la comunicación verbal es un factor clave para el intercambio de ideas y conocimientos y como consecuencia, todos los factores externos que puedan alterar el mensaje acústico serán determinantes para la interpretación del mismo."

NOE JIMÉNEZ GONZALEZ

Siguiendo al autor antes mencionado, destacaremos que son muchos los yacimientos en los que se han encontrado restos de instrumentos que podrían considerarse musicales, a partir del Paleolítico Medio. Clasificándolos en cinco grandes grupos:

a. Flautas de hueso
b. Aerófonos en forma de falanges huecas
c. Aerófonos en forma de zumbadores
d. Raspadores de hueso
e. Litófonos

Ilustración: Giuseppe Berardi: "Silbato"

Ilustración: Giuseppe Berardi. "La zumbadora"

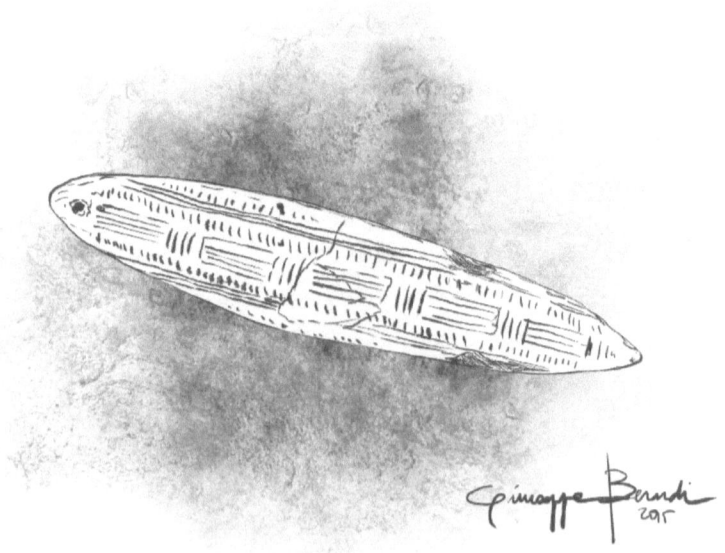

Ilustración: Giuseppe Berardi: "Flauta prehistórica"

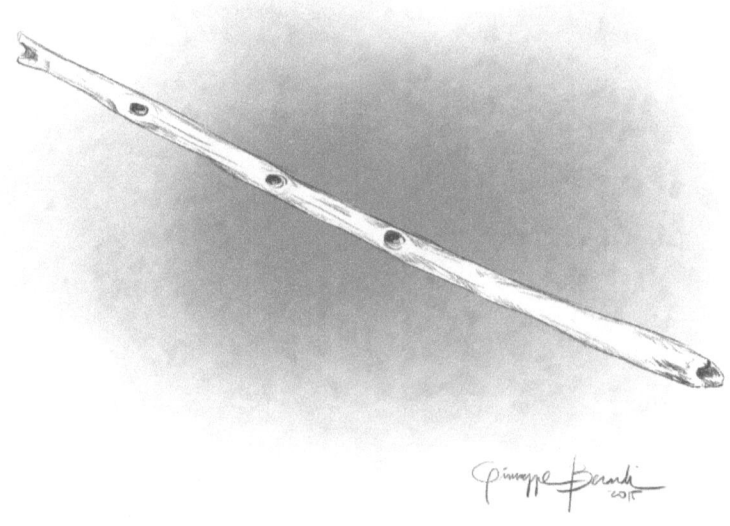

La celebración de rituales y demás ceremonias formaban parte de la vida de nuestros ancestros (...) Así, la presencia de esta en el entorno social del paleolítico se puede justificar desde diversas funciones tales como la cohesión del grupo, selección sexual o cortejo, estatus social, (...) El estudio e interpretación de los signos encontrados no se pueden concebir sobre un mundo sordo, sin sonido. El medio donde se producían estos mensajes sonoros, ya sean musicales u orales, es uno de los factores que más condiciona el contenido y la forma de los mismos; es más, en muchos casos podría llegar a ser determinante para la existencia de otras formas de comunicación, expresión artística o rituales.[58]

Noé Jiménez González

---

[58] NOE JIMÉNEZ GONZALEZ. Estudio de las características acústicas de la cueva de Parpalló. Trabajo final de carrera. 2007. Gandia. Universidad Politécnica de Valencia. Escuela politécnica superior de Gandía.

Existen muchos y numerosos estudios relacionados con la acústica en el interior de las cuevas. Estudios que incluso tratan de buscar una relación entre las pinturas rupestres y la acústica de la zona donde se representan. (Para mayor información consultar la tesis doctoral citada y su bibliografía).

Pintura digital: Giuseppe Berardi
"La bramadera".

Ecos, Arte Rupestre y diálogo con los espíritus

Resulta francamente innovador al tiempo que fascinante, imaginar que algunas de estas cuevas y abrigos, como ya adelantábamos antes con las investigaciones de Margarita Díaz, hubiesen sido elegidas o pintadas por su acústica o determinadas zonas de resonancia. Y como colofón, sería indudablemente maravilloso, que nuestra tribu de arqueros, hubiese elegido el Abrigo del Voro, por sus características acústicas. Queda en el aire la investigación de la mano de especialistas, que puedan responder a estas y otras cuestiones, pero sería una buena respuesta complementaria a la razón por la que los arqueros danzan en este lugar.

Como ya hiciese Steve Walter en otros santuarios prehistóricos, cuando me adentré por tercera vez en los charcos de Quesa, quise comprobar si a través de mi voz, se producían ecos en el Abrigo del Voro.
La respuesta resultó ser positiva. Debido a la montaña que se encuentra justo enfrente, la voz en grito es devuelta produciendo una especial acústica en puntos determinados alrededor del abrigo.
Existen otros lugares que también tuve la oportunidad de visitar, como la Cova Negra y la Cova de la Petxina de Xátiva, donde la acústica es verdaderamente especial, reproduciendo ecos incluso del sonido del río que transcurre a los pies del monte donde se encuentran situados estos abrigos.

Para Walter existe una: "fuerte correlación entre la posición de las pinturas y los puntos donde existen fuertes ecos, relacionando además la impresión subjetiva del eco producido con una posible interpretación chamánica o diálogo con los espíritus".[59]

---

[59] NOE JIMÉNEZ GONZALEZ. Estudio de las características acústicas de la cueva de Parpalló. Trabajo final de carrera. 2007. Gandia. Universidad Politécnica de Valencia. Escuela politécnica superior de Gandía.

Pintura digital: Giuseppe Berardi
"Homo sapiens tocando la flauta"

RELATO III

LA DANZA DE LOS ARQUEROS

Al despuntar el alba, los talladores habían terminado los últimos instrumentos que formaban parte del instrumental de la cacería. Puntas de lanza, arcos y flechas, además de algunos puñales de piedra, cuerdas y lanzaderas.
Los cazadores regresaban de su exilio de hambre y sueño en un abrigo cercano.
Los primeros rayos de sol comenzaron a animarles y con el ritmo de algunos instrumentos musicales comenzaron a entonar cánticos y gritos que retumbaban en todas las oquedades del abrigo.

Eran los ecos de la tierra que les respondían para darles fuerza en el combate.
Sus cerebros, faltos de alimento y descanso, provocaban imágenes y ensoñaciones que les hacían estar en alerta en todo momento. Cuando hubieron cogido sus instrumentos bajaron por el sendero del río en busca de sus presas.

Algunos caballos y ciervos se acercaban a beber y entre los matorrales se agruparon en silencio para determinar cuál de todos sería su presa más fácil.

Tomando la tierra húmeda por la escarcha de la mañana, untaron sus dedos y marcaron la señal del clan a lo largo de su frente, sintiendo el poder que la madre tierra les confería.

Acuarela: Giuseppe Berardi
"La iniciación"

122

Acto seguido el gran jefe levantó el brazo y tomando una de las flechas se aproximo al más joven de los cazadores para darle la oportunidad de ser el primero en lanzarla contra el costado del ciervo. El muchacho, comenzó a sudar producto de su nerviosismo ante la primera cacería y tomando su arco, saltó y lanzó la flecha desde el aire, mientras el resto de cazadores se abalanzaban al unísono hasta rodear al ciervo.

Muerto ya, su sangre, roja como la vida, todavía estaba caliente y tras arrodillarse ante él y rendirle culto, el gran jefe tomó su puñal y le rasgo hasta despellejarle y extraerle el corazón, digno del más joven de los cazadores. Tras el primer bocado el muchacho se sintió hombre y su cerebro provocó una serie de alucinaciones producto del estrés, la falta de sueño y el hambre.

Ilustración: Giuseppe Berardi

Estas visiones le llevaron a verse a sí mismo corriendo por un ancho prado junto al ciervo. Y el ciervo le habló, mientras los tambores de sus compañeros no cesaban de tocar. Y el ciervo danzó. Y el joven danzó con el ciervo. Y una simbiosis se produjo entre sus espíritus.

Y tras beber el elixir de los cazadores, despertó de aquel sueño embriagador, en el que el ciervo se convertía poco a poco en mujer.

Ya repuesto, tomó su flauta de caña y comenzó a tocar, junto al resto de sus compañeros, mientras cargaban al animal entre unos pocos y se refugiaban entre el espesor de los árboles hasta llegar de nuevo al abrigo donde el resto del clan les esperaba con cantos y alegría por la caza conseguida.

El conocimiento silencioso

"El conocimiento silencioso es algo que todos poseemos, algo que tiene total dominio de todo. Total conocimiento de todo. Pero no puede pensar, por tanto no puede expresar lo que sabe. Ese conocimiento silencioso es el espíritu, el intento, lo abstracto."[27]

Carlos Castaneda

Transitar por los caminos agrestes que conducen al Abrigo del Voro, en la soledad de nosotros mismos, en el silencio de la naturaleza y en la majestuosidad de todo cuanto nos rodea, siendo conscientes de la hermosa totalidad de los elementos, puede convertirse en una prueba de acceso a nuestro conocimiento silencioso.

En total armonía de nuestros sentidos internos, el punto de fuga que nuestra personalidad aprendida, muestra día a día, mientras trabajamos, comemos o tomamos café con amigos, se traslada, como por arte de magia. A partir de entonces, podemos llegar a conseguir la invisibilidad del yo individual, tantas veces aprendido, transformado, muerto y resucitado, para finalmente, conducirnos a ese estado casi transcético, donde la luz ya no proviene de aquello que tendemos a mostrar a los demás, sino que la luz viene de aquello que se encuentra dormitando en nuestro interior. El yo que todos conocen deja de ser relevante, porque la inmensidad del paisaje de Quesa, sus altas montañas, sus aguas cristalinas, su abundante vegetación y la fauna que observa sin ser vista, cobra todo el protagonismo y nos absorbe hasta que nos coloca en el lugar exacto del entorno inmediato. Es en ese momento y no en otro, cuando seremos capaces de conectar con nuestro propio conocimiento silencioso, con toda la sabiduría interna, que en muchas ocasiones hemos querido mostrar a los demás, cuando hemos sido conscientes de ella, pero para la que nunca, hemos sido capaces de definirla.

---

[27]" DON JUAN", CARLOS CASTANEDA. El conocimiento silencioso. Ed. Swan.1988.Madrid.

Encontrar las palabras adecuadas para trasmitirla resultaría imposible, porque no existen.

"La guerra para el brujo es la lucha total contra ese yo individual que ha privado al hombre de su poder"[28]

El Chaman de nuestra tribu de los arqueros, debió de transitar mucho tiempo por los mismos caminos que nosotros estamos pisando ahora. Ver todo lo que nosotros vemos. Oler la hierba fresca de la mañana, las flores en primavera y la tierra mojada por las lluvias del otoño. Tuvo que alejarse de la tribu en muchas ocasiones, para escuchar a su propio conocimiento silencioso, mientras vibraba en sintonía con el silencio. Trasladar este conocimiento a los demás resultaría muy complicado, por ello, utilizaba las pieles o esqueletos de sus animales totémicos, y hacía ver a los demás, que en aquellos momentos de trance, él dejaba de ser él como ser individual, para adquirir la sabiduría de los dioses que les guiarían. La transformación del Chaman, en jabalí, ciervo o cabra, no era más que la muerte del yo diario y el nacimiento del yo interior, para acceder a los archivos de todos los tiempos que todos tenemos dentro. Para acceder al conocimiento silencioso.

"El hombre de hoy busca consuelo en su yo individual, incapaz de desconectar de su propia imagen. Alejar el punto de encaje de su lugar habitual, nos alejará de la imagen que tenemos de nosotros mismos, de nuestro yo individual, de nuestra importancia personal. La meta del brujo es destronar la importancia personal (compasión por sí mismo, disfrazada, verdadera miseria del hombre). Todo hombre necesita compasión de sí mismo para existir, pero no necesita transformarla en importancia. Para los brujos lo opuesto a no tener compasión es la cordura".[29]

---

[28] CARLOS CASTANEDA. op.cit.
[29] CARLOS CASTANEDA. Op.cit.

Ilustración página siguiente: Giuseppe Berardi:

"El Chamán"

CAPITULO 7

Sagitarius, el Arquero

El mirador de las estrellas, la fantasía no percibida

¿Quién no ha mirado al cielo alguna vez y se ha sentido absolutamente envuelto en la magia del firmamento? ¿Quién no se ha tumbado, en una noche de verano bajo el infinito manto de estrellas, en la más absoluta soledad o en la hermosa compañía de un ser especial, y se ha dedicado simplemente a observar, casi hipnotizado, toda su inmensidad espacial? ¿Quién no se ha dejado guiar en alguna ocasión por la estrella polar, como ya hicieron nuestros antepasados de todas las civilizaciones, desde los hombres del desierto, hasta los caballeros templarios, los grandes ejércitos en sus conquistas territoriales o los versos escritos del mejor poeta?

Desde el comienzo de los tiempos, el hombre ha observado el universo, a través del cielo nocturno, de las estrellas y de la luna. Y de todos los fenómenos que en él se producían. Todos han tratado de interpretar y dibujar el mapa celeste, desde las constelaciones, hasta los planetas, los movimientos estacionales o los acontecimientos especiales, como el paso de un cometa o el estallido de una estrella fugaz.

La oscuridad, reina por excelencia del misterio, de lo escondido, del silencio o de lo inconmensurable e inconfesable, se viste de gala en las noches al raso, donde el brillo de su mirada, nos acompaña durante toda nuestra existencia. Es imposible no verla. Es imposible no sentirla. Es imposible no dejarse abrazar por sus caricias, casi como un susurro, en la lejanía de los desvelos y en la proximidad de sus besos.

La noche estrellada fue y sigue siendo, para muchas culturas, civilizaciones y religiones, el sinónimo del más allá. De la otra orilla. De los otros mundos. La casa de Dios. O el refugio de otros habitantes extraterrestres, por vivir fuera del planeta tierra, simplemente.

La noche es la dueña de los secretos, de las fantasías, de la explicación del mundo, de la simbología de nuestra existencia. Y ellos, nuestros ancestros, nuestros arqueros, también la vieron. Y mucho mejor que nadie. Pues en su realidad, a imagen y semejanza de la más absoluta verdad natural, ellos convivieron con ella, cada noche de su existencia.

Ellos abrazaron a sus luceros y adoraron la luz de la luna, por proporcionarles lo que hoy nos proporciona a nosotros una bombilla. La luz en la oscuridad. La capacidad de ver un poco más allá, durante las noches de luna llena.

¿Serían acaso estas noches recibidas como un regalo divino? ¿Tendrían un dios en el amplio firmamento? ¿Tendrían una razón, más allá de la pura subsistencia que les llevara a creer en algo más lejos que en su propia supervivencia?

Y en la plegaria nocturna, nuestros ancestros vieron, imaginaron, dibujaron, crearon y pintaron, sobre su techo de piedra, la imagen perfecta del rey arquero, de aquel que a su salida, en los meses de verano, les proporcionaba la caza y los mejores alimentos para el invierno. El rey del firmamento. Su guía en la supervivencia. La señal sagrada para comenzar la campaña de caza y recolección. Sagitario, el símbolo, mitad hombre, mitad caballo, con su arco y su flecha. El antropomorfo celestial. Su tótem celeste. Del mismo modo que posteriormente lo hiciesen los constructores de catedrales en la edad media, marcando con una espiga grabada a cincel, una de las baldosas de la catedral de Chartres. Baldosa que tiene la particularidad de que el rayo de sol de cada solsticio de verano, que entra por una de las vidrieras, la hacía brillar, para anunciar a las gentes del pueblo, que la época de la cosecha había llegado.

Del mismo modo, el rey sagitario en los meses de verano y otoño marca el momento de la caza y la recolección. Y nuestros arqueros, obedeciendo las señales de su Dios, se empeñan, una y otra vez, en regalarle sus rituales, sus danzas y sus pinturas milenarias.

La arqueoastronomía

En los últimos tiempos, un nuevo concepto dentro de la astronomía surge con fuerza, del mismo modo que la arqueomúsica, en este caso, hablamos de la arqueoastronomía[60].

"Las sociedades primitivas tienden a sacralizar aquello que no controlan (...), confiriendo carácter sagrado a un amplio número de lugares (...), de la que proceden la mayoría de los acontecimientos que regulan su vida. (...). De él viene la luz o la oscuridad, el frío o el calor, la lluvia o la ausencia de ella (...) dichos fenómenos han pasado a formar parte de la mitología de muchas culturas (...) morada de los dioses o de otros seres sobrenaturales (...)."

Mª Luisa Cerdeño et al.
Los estudios de arqueoastronomía en España:
El estado de la cuestión

El inicio de la arqueoastronomía como disciplina científica, nace a partir de A.Thom en 1930. Aunque ya con anterioridad algunos investigadores quisieran encontrar relaciones entre las sociedades antiguas y el universo.

---

[60] **ARQUEOASTRONOMÍA**: disciplina que trata de averiguar el grado de conocimientos astronómicos de las sociedades antiguas, relacionados con su visión del cosmos (BELMONTE 20009, o, de estudiar el desarrollo de la astronomía de las sociedades prehistóricas dentro de su contexto cultural (ESTEBAN 2003), o, de estudiar la manera en que las sociedades de épocas pasadas se relacionaron con el cosmos, a través de los datos arqueológicos, etnográficos e históricos (Mª Luisa Cerdeño et al.)

Stonehenge se convertirá en el precursor de una nueva forma de estudiar la arqueología, ganando cada vez más adeptos en la actualidad. Aunque como afirma Mª Luisa Cerdeño, el estudio de los astros requiere de conocimientos físicos y matemáticos.

Por ello, se está pidiendo desde estos sectores de investigación, una colaboración multidisciplinar, en la que los profesionales de las diferentes disciplinas, unifiquen esfuerzos, para llegar a un conocimiento y avances más profundos acerca de esta moderna forma de leer el pasado.

CAPÍTULO 8

El espíritu del sol en la Cueva del Parpalló

La importancia de los solsticios y de los equinoccios en la prehistoria

"Las cuevas santuario en las que se

depositan materiales de características

rituales, pueden ser interpretadas

como entornos de iniciación"

(González-Alcalde, Chapa, 1993)

Tres días antes de la entrada a la cueva

A sus pies, como marcan los solsticios. Hora 8:18. El sol aparece entre las montañas e ilumina la entrada a la madre tierra, la abertura en forma de vagina que adentra al visitante al interior de la madre.

Al contrario, desde la oscuridad, el ocupante despierta con la luz del amanecer, renace a la luz.

Nuestros ancestros se encontraron durante seis días con la señal del rey sol, del Dios que calienta, que da vida.

Él les iluminó y les condujo de nuevo a la vida. Ellos ocuparon esta cueva, porque podía proporcionarles calor en invierno, ya que además de permitirles una excelente visión de cuanto les rodeaba, sentían el calor del sol y podían habitar en los alrededores durante los meses fríos, probablemente en tiendas elaboradas con pieles de animales ramas y vegetación.

Pero hay algo más en el paraje que rodea a la Cueva del Parpalló.

A escasos metros, otras aberturas, abrigos y oquedades que posiblemente también llamaron su atención. Acostumbrados a buscar refugio en los rincones que la naturaleza les ofrecía, serían buenos rastreadores y observarían a veces ilusionados, a veces atemorizados, lugares que les trasmitían poder, bueno o malo. De la luz o de la oscuridad. Del mundo de los vivos o de los muertos. Aquellas zonas sombrías, próximas a su guarida, pudieron trasmitirles miedo. Esa señal inequívoca de que el mundo de lo intangible, de la hierofania que ya describió Mircea Eliade, se manifestaba, más allá de lo visible.

Quizás allí, y no en el interior de la cueva, algunos de nuestros ancestros celebraron sus rituales más espirituales. Aquellos que les provocaban temor y estados alterados de conciencia, pues el miedo hacía su aparición, más allá de la apacible tranquilidad y seguridad de la cueva. Y se trasformaban. Y sentían que algo irreconocible les hacía palidecer. Y su sistema neuronal reaccionaba a estos impulsos. Y se comunicaban con el todo, y el todo se comunicaba con ellos. Tanto dentro como fuera de la cueva.

Hoy por desgracia, las grandes urbes, la vida alocada, los centros comerciales, los mercados, los trabajos estresantes y la vida moderna, han apartado al ser humano de la esencia divina, que lo une como un cordón de plata a la naturaleza.
Hoy muy poca gente se siente parte de ella, la visita, la honra o la respeta. Poca gente se molesta en dialogar con las montañas en una fría mañana de diciembre y despertar tan solo para admirar y contemplar como los primeros rayos de sol iluminan la oquedad o entrada de una cueva que fue habitada por nuestros ancestros hace 21.000 años.

Nuestros antepasados, nuestros padres, lo sentían, lo vivían. Conocieron cada rincón de estos montes y nosotros sus hijos, lo hemos perdido. Más allá del tiempo y el espacio, sus huellas están aquí. Su legado. Sus ritos. Sus sentimientos, son los mismos que los nuestros, tan solo que nosotros los hemos olvidado.

Su simbología, se activó, igual que se activa la nuestra cuando tratamos de dar significado a aquello que desconocemos y en ese intento de imaginación, (porque ellos también tenían esa capacidad, como hoy la seguimos teniendo nosotros,) crearon su mundo, sus creencias. Sintieron el miedo y crearon a sus espíritus, a sus dioses. Crearon el más allá. Descubrieron, con el poder de sus almas, de sus sentidos más internos, lugares que les proporcionaban calma y lugares que les causaban malestar y desasosiego. Todo tenía un significado para ellos, igual que hoy lo tiene para nosotros.

La entrada a la cueva-santuario

Aquella noche apenas pude conciliar el sueño, y es que desde que me quedé a escasos metros de la entrada de aquel enorme santuario prehistórico ocupado desde hace más de 21.000 años por nuestros antepasados, en mi mente solo había un objetivo: observar con mis propios ojos, in situ, aquel fenómeno ancestral que podría haber sido el origen de toda una sociología prehistórica en torno a un fenómeno astronómico:

"El solsticio de invierno en la Cova del Parpalló y sus repercusiones hasta nuestros días"

Mientras me ocupaba en buscar todo vestigio de escritos relacionados con la astronomía y la prehistoria y en pleno mes de diciembre en tierras valencianas, me topé casi por casualidad, con el estudio de arqueoastronomía, realizado por Cesar Esteban en 1997 acerca del solsticio de invierno en la Cueva del Parpalló de Gandía.

Conocía la cueva, por las referencias con respecto al arte paleolítico en el arco mediterráneo y por la importancia de las más de 5000 plaquetas de arte mueble encontradas, en diferentes estratos en el interior de la misma, que van desde el 21.000 hasta el 10.000 a.C. y un caballo, símbolo actual de la Cueva de Parpalló, grabado sobre la piedra y descubierto tras las excavaciones. Pero lo que no me imaginaba, hasta que me puse a investigar la relativamente novedosa disciplina de la arqueoastronomía, es que la cueva podría destacar por su orientación natural hacía la salida del sol, durante el solsticio de invierno.

Según el estudio arqueoastronómico de Emilio Aura Tortosa (Universidad de Valencia) junto con Cesar Esteban (Instituto de Astrofísica de Canarias), en el amanecer del solsticio de invierno y unos días antes y después, los rayos de sol iluminan la zona más interna de la cueva por unos instantes.

Llegados a este punto tan solo podía hacer una cosa a pocos días del solsticio de invierno de 2013; tratar de pedir a los responsables directos de la Cueva del Parpalló, que me permitieran observar dicho fenómeno en el interior de la cavidad.

Tras explicarles que mi único interés era el de la comprobación, a través del método científico de la observación en campo del fenómeno en cuestión, se ofrecieron a acompañarme al interior de la misma, y disfrutar juntos de aquel primer amanecer del nuevo sol.

A las 8:15 de la mañana, ya nos encontrábamos en el interior de la cavidad, tras haber descendido por la escalera que nos separaba de la parte excavada y tapada con estructuras metálicas. Una vez allí, el nerviosismo que me había acompañado durante toda la noche sin permitirme conciliar el sueño, daba paso a una especie de concentración máxima, tratando de buscar cuál era la roca en la que supuestamente reflejaba aquel hermoso rayo de sol. Sería uno de los encargados de la protección y conservación de la cueva, quien escalando por rocas de difícil agarre, llegaría a la siguiente galería, aquella en la cual supuestamente se produciría el fenómeno.

Yo, mirando aquella altura de apenas 5 metros del suelo, me hacía cruces en silencio, pues mí no vencido vértigo y miedo a las alturas, hacía acto de presencia en el momento crucial. Pero en aquellos momentos, no me quedaba otro remedio, no sabía cómo llegaría arriba, entre aquellas rocas resbaladizas y mi terror cuando hablamos de alturas, pero no iba a consentir perderme aquel espectáculo después de lo que había organizado para ser testigo de la inminente presencia del sol, como astro rey, como señor de los cielos y amante de la tierra, dador de vida, elemental e insustituible.

De repente, me encontraba junto a ellos, y el corazón palpitaba en el silencio de la piedra. Todos buscábamos y observábamos cada rincón, tratando de adivinar, cuál sería el lugar indicado que produciría el efecto lumínico esperado.

Durante los primeros minutos tras las 8:20, las rocas más altas comenzaron a adquirir un color anaranjado, casi fuego, como el magma de un volcán, que dotaba a la imponente masa de piedra de una especial belleza. Sublimes rayos del amanecer que hacían ruborizar a la tímida roca, con sus leves caricias, con la suavidad de un romántico beso al despertar.

Nosotros, testigos únicos de aquel encuentro, observamos tratando de encontrar la esencia, pero todavía nos haría esperar algunos minutos. Tras el paso de una ligera nube, que hizo palidecer al sol, su calor se duplicó, inundando a las rocas más sobresalientes de un juvenil tono amarillo dorado, cual lucero del alba, que se aproxima a la tímida roca, para unirse a sus paredes y dotarla de la alegría de la juventud.

Y nosotros, sentados en la roca, fuimos testigos de su encuentro, en la intimidad de las paredes olvidadas, en la nostalgia del tiempo perdido, en el reencuentro del nuevo año, en la magia de la creación, nosotros fuimos testigos de su pasión.

8:39, un hilo de luz, comienza a adquirir forma en la pared más interna de la cueva. Allí, en la oscuridad de la cavidad, en lo más profundo del alma de una mujer, allí, el sol la fecundó. Y el leve hilo de fuego, formó una especie de gota incandescente, brillante, más allá del naranja, amarillo o dorado. Aquella gota, que se deslizaba suavemente por la cavidad más profunda de la cueva, la iluminó, la llenó con la vida, y otra pequeña gota se formó, y bajo esta, otra más, pequeñas, juguetonas, risueñas, iban descendiendo por la piedra, chispeantes y ardientes, como el crepitar de la vida, mientras nosotros, formamos parte de aquel nuevo encuentro, testigos de excepción del último solsticio de invierno de la Cueva del Parpalló.

La salida fue un parto difícil para mí. Me costó salir. Llegar a su seno fue más fácil, el miedo a las alturas, me bloqueó en el descenso, pero no podía quedarme allí, así que tras algunas respiraciones, y con el ánimo de las personas que me acompañaban, me decidí a dar el último salto hacia el exterior, como el neonato, que sale del útero materno, las escaleras nos condujeron nuevamente a la luz, al encuentro con la vida, como recién nacidos, como recién iniciados, en uno de los rituales más antiguos del mundo: El renacimiento del sol, invicto, rey ganador.
Acontecimiento muy especial, de gran importancia para mí y de gran importancia para todas las civilizaciones que nos han precedido.

Ellos, le esperaron antes que nosotros, le recibieron antes que nosotros, le adoraron antes que nosotros y le dieron las gracias por la vida mucho antes que nosotros. Pues ellos, los últimos "visitantes" paleolíticos, de la cueva del Parpalló, estuvieron allí, hace 12.000 años y coincidiendo con la salida de las cuevas del norte y el resto de Europa, nunca volvieron. Del mismo modo que nadie volvió a habitar muchas de las cuevas de Europa. (Aunque, algunas, como precisamente la del Parpalló, si han sido habitadas por grupos humanos posteriores).

Miles de años, siguiendo las mismas pautas, los mismos rituales y las mismas ofrendas a la madre tierra, por la fecundidad, por la maternidad, por la caza, y por la vida. Parpalló, lugar cargado de magia y simbolismo. No es el útero de la madre, sino su vagina, la entrada del sol, de su esperma dador de vida, de su luz durante el solsticio de invierno. Sus gotas, como haces de fuego son derramadas y resbalan lentamente sobre las paredes de calizas. La tierra en los primeros días del invierno es fecundada y ellos lo sabían, y la imitaron y se reprodujeron, del mismo modo que los animales, sus compañeros directos, su cosmogonía viviente y fehaciente, a los que reprodujeron en aquellas 5000 plaquetas entregadas a la madre tierra como ofrenda, como don, como petición.

Y lo representaron todo en aquellas plaquetas de piedra, como regalo a sus dioses o legado para el futuro.

Del mismo modo que nosotros vamos a Lourdes o Fátima y encendemos velas, dejamos ofrendas florales o recogemos agua bendita en botellitas, ellos también tenían sus santuarios. Su comunicación con la naturaleza, con la tierra, con los animales, con el cielo y con todo aquello que forma parte de la creación, era superior, sublime, mágica y simbólica. Poseían creencias, rituales, lenguaje y hábitos culturales, trasmitidos de generación en generación, de territorio en territorio, de tribu a tribu, de familia en familia, tanto en la caza, como en las formas de moverse y relacionarse.

No puede ser casualidad que como me informó, el arqueólogo de Gandía, un bastón de mando proveniente de una cueva de Asturias, acabase encontrado en una cueva cercana a Parpalló.

Viajaban, se desplazaban, se socializaban, y en esa socialización, siempre hubo una razón, más allá de nuestro entendimiento. Una auténtica sociedad prehistórica, con sus costumbres, sus ritos, sus reuniones, sus fiestas, sus bailes, sus posibles intercambios, sus representaciones del mundo que les rodeaba a través del arte, sus intercambios, sus ofrendas o sus dioses más allá de nuestros conocimientos actuales, porque ellos carecerían de tecnología y modernidad, pero nosotros hemos olvidado la comunicación con lo más elemental. La tierra de dónde venimos, que nos rodea, que nos alimenta, que nos abriga, que nos da calor y que nos da la vida.

Pero más allá de todo, un día, ya no volvieron. Las cuevas, todas las cuevas santuario, dejaron de serlo, algo o alguien les traslada. Un fenómeno, más fuerte que toda una vida que duró milenios. Un contacto que se expande, que se trasmite, que se imita y que hace que las nuevas generaciones, ya no sigan los pasos de sus padres, y decidan, cambiar de rutas, y de dioses, y de útiles de cazar, y de formas de representar su mundo, como el salto temporal, casi insalvable que hoy podemos observar, en el siglo XXI, entre nuestros abuelos más mayores, y nuestros hijos más pequeños. Los unos trabajando en los campos de arroz, los otros con la última aplicación de su Smartphone.

La historia se repite, aunque algunos, nos empeñemos en retener lo que todavía se puede salvar, ellos ya no lo entenderán. Sus códigos, sus universos simbólicos y su futuro, es una gran fisura insalvable, por la que jamás, los nuevos jóvenes volverán a venerar al sol que renace en la Cueva del Parpalló. La transición al mesolítico y la ocupación de abrigos en los que se encuentran la mayor colección de pinturas rupestres de arte levantino y esquemático, dejará atrás, aquellos universos simbólicos repletos de animales, manos y santuarios, para dejar paso a la entrada del nuevo protagonista: el hombre como dueño y señor de todo. El que todo lo consigue, el que tiene el poder de cazar, de recolectar, de soñar, de imaginar y de crear, más allá de lo creado, de lo conocido, de lo vivido.

Todavía quedan muchas preguntas por responder. Y la visita a la cueva del Parpalló no hace más que ampliar las dudas, pero al mismo tiempo construye un puente de pocos kilómetros, entre Gandía y Quesa, entre la última cueva santuario, lugar de reunión, de culto y de trascendencia hasta los nuevos abrigos pintados, nuevo lugar de reunión, de representación y de celebración de su nueva concepción del mundo que le rodea y de su nueva concepción de la vida.

SECUENCIA SOLSTICIO DE INVIERNO COVA DEL PARPALLÓ 2013, GANDIA

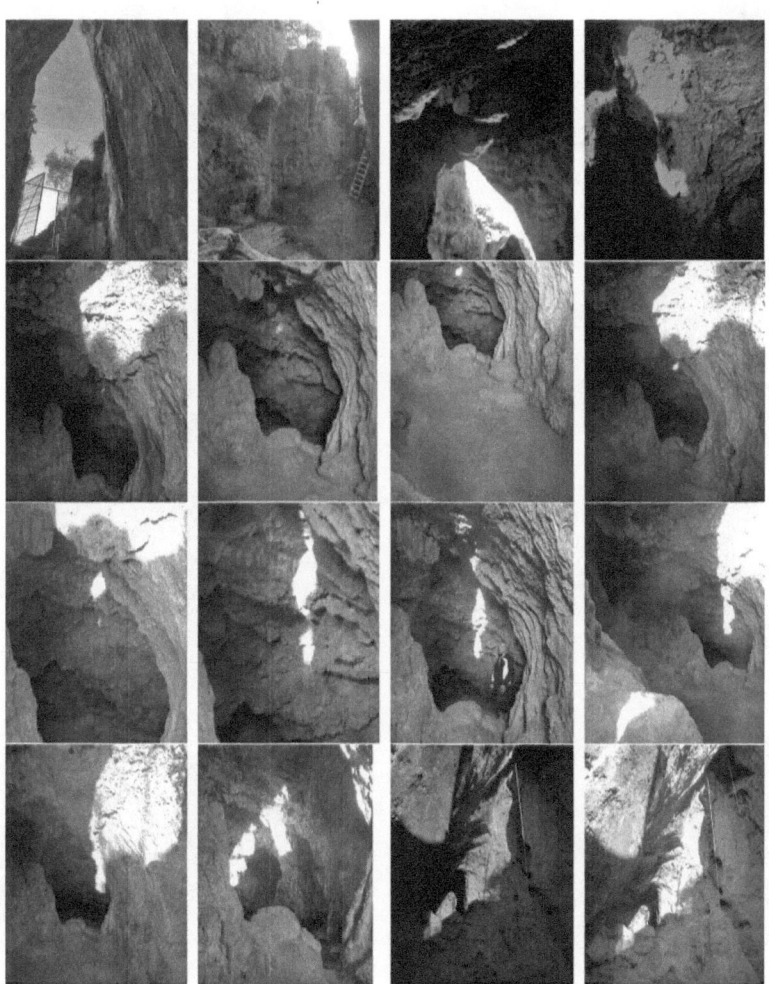

Fotografías de la autora

Cova del Parpalló

Interior Cueva del Parpalló

Amanecer desde Cueva del Parpalló

Interior Cueva del Parpalló

Exterior Cueva del Parpalló

Caballo grabado Parpalló

Alrededores Cueva del Parpalló

Fotografías de la autora

Tras la visita a la cueva del Parpalló

La Cueva del Parpalló observatorio astronómico natural de la prehistoria

Tras la magnitud arqueoastronómica del fenómeno que acababa de presenciar, todavía quedaba una sorpresa todavía mayor si cabe.

Dialogando con Oscar, responsable de la Cova del Parpalló, descubrí, que posteriormente al estudio de Cesar Esteban sobre el solsticio de invierno, otro historiador y arqueólogo de Gandía, José Llúll, se había interesado por el fenómeno de la Cueva del Parpalló, pero esta vez se centró en los equinoccios de primavera y otoño, llegando a la conclusión de que en esas fechas y ningún otro día del año, un rayo de sol iluminaba la parte más oscura de la cavidad por unos momentos. La conocida como la sala C.

A priori, me puse en contacto con él y leí detenidamente su investigación: *"Arqueoastronomía de los equinoccios en la cueva de Parpalló"*

Según su investigación, serían los equinoccios de primavera y otoño, los momentos de mayor profundidad del sol en el interior de la cueva, llegando a iluminar el suelo de la misma, con formas tan curiosas como una flecha que apunta a la sala C. A partir de aquí, concluye el autor, que resulta difícil mantener la hipótesis de la importancia del solsticio de invierno, para otorgar el carácter sacro a la cueva. Y que en todo caso, si el sol fue importante para los habitantes de la cueva en el paleolítico superior, este sería en los equinoccios, pues el resto del año, las salas A y B, seguían iluminadas. Al mismo tiempo concluye planteando la posibilidad, de que Parpalló fuese el primer marcador y más antiguo observatorio equinoccial de Europa en el Paleolítico Superior.

Tras pensar en todo aquello, una gran luz se iba encendiendo en mi interior.

Una luz que me llevaba a una maravillosa hipótesis que de ser cierta, convertiría a la Cueva del Parpalló, en un lugar natural único, pues estaríamos hablando del primer observatorio astronómico prehistórico natural, más allá de la única observación equinoccial o solsticial.

Parpalló, con su imponente belleza, pudo ser el lugar, donde nuestros antepasados pudieron observar el firmamento y dejarse guiar en el transitar de sus vidas. Un lugar cargado de magia y simbolismo que marcaba las estaciones del año, mucho antes de que el hombre fuese consciente de ello. Pues el hecho de que las diferentes salas, estuviesen más o menos iluminadas, no resta importancia, a la simbología, que estas, pudieran representar para nuestros antepasados. Pues bien remarcan las pinturas rupestres, los grabados y el arte mueble de todo el mundo y las más de 5000 plaquetas halladas en esta cueva, la relevancia que para estos hombres del pasado, tenían las imágenes.

Dibujos, formas geométricas y representaciones, que van más allá de nuestro entendimiento, que van más allá de nuestras mentes y que por tanto no podremos asegurar jamás con certeza científica su verdadero significado, pues no tenemos el código mental paleolítico para descifrarlas. Pero podemos aventurar nuestra imaginación junto con la certeza de la entrada del sol en la cueva, para debatir, si más allá del solsticio o del equinoccio, la cueva y su carácter sacro, fue debido a la entrada del sol en su interior y por ende al significado que ellos otorgaron a esta iluminación y a los acontecimientos que se producían en la naturaleza reinante a su alrededor, en cada estación del año. Como la hibernación de los animales en invierno, la floración y maternidad en la primavera y verano, o la caída de las hojas y las migraciones de las aves, en otoño.

De este modo, lugares como Parpalló pudieron ser lugares de origen para las posteriores construcciones de piedra, conocidas por la arqueología como Dólmenes y Menhires. Stonehenge o Antequera, serían pues el resultado de la trasmisión de los conocimientos fenomenológicos celestes, observados in situ y adquiridos en edades muy tempranas de forma natural en el interior de las cuevas.

El hombre antiguo, al abandonar las cuevas, tan solo ha tratado de imitar estos lugares y conocimientos de las formas más curiosas hasta nuestros días. Pirámides, catedrales góticas, iglesias románicas, dólmenes y menhires solo serían un ejemplo de los muchos templos y construcciones que se han dedicado al cielo y a todo los fenómenos astronómicos que en ellos se suceden. Pero pensar que el hombre antiguo no observaba los cielos, es negar la magnitud, la fuerza y la belleza de un amanecer. Es negar la visión de la vida y del universo más presente que en cualquier otra época de la humanidad. Es maltratar la mente prehistórica y hundir en la idiotez y la ceguera a nuestros antepasados. Es colocar nuestros orígenes en el omega de la humanidad, cuando en realidad son el alfa, el principio. Nosotros somos ellos. Estamos por ellos y el cielo, con todas sus manifestaciones, ya sean observadas de forma científica, mágica, natural o sobrenatural, forma parte de la existencia del ser humano, pues sus ciclos, son nuestros ciclos, a pesar de que muchos nos hayamos olvidado de la sublime visión de un manto de estrellas, cegados por las miles de luces artificiales que iluminan nuestras ciudades, nuestro entorno y nuestro día a día.

Parpalló, seguramente junto a otras muchas cuevas y abrigos de piedra, fueron lugares elegidos por nuestros ancestros para rendir culto a la vida, al amanecer, a la pasión. Parpalló durante 11.000 años fue lugar de reunión de diferentes grupos, tribus o familias, y sus oraciones, peticiones, ofrendas, ritos o regalos, en forma de plaquetas de piedra grabadas, o pinturas rupestres en las mismas paredes de la cueva, formarían parte de los orígenes de una sociología festiva, mágica y ritual, de una fenomenología donde cada solsticio o equinoccio podría haber sido motor de pensamiento y obra de nuestros ancestros.

Las primeras preguntas del hombre que mira las estrellas, que observa el cielo y que piensa y se pregunta ¿por qué?

Acuarela: Giuseppe Berardi
"Cueva del Parpalló"

CAPÍTULO 9
Neandertales, nuestros compañeros en la evolución de la humanidad

Aprovechando la proximidad de Xátiva a mi pueblo, y tras leer en una publicación digital, las últimas investigaciones acerca del yacimiento neandertalensis de la Cueva Negra de Xátiva, un nuevo motor de búsqueda encendió las luces del vehículo mental-emocional-científico que me precede, antes de embarcarme en una nueva aventura por la prehistoria.

En pleno mes de diciembre y ataviados con ropa de abrigo, nos embarcamos en aquella nueva salida por tierras valencianas, para recorrer los kilómetros que nos separaban de uno de los enigmas más importantes de la prehistoria, el hombre de neandertal.

Mucho se ha escrito sobre ellos, sobre sus orígenes, su físico característico o sus formas de vida, a través de los restos encontrados. Pero el mayor misterio que rodea a estos hombres que vivieron casi al mismo tiempo que los primeros Homo Sapiens, es su desaparición repentina Cuestiones como si convivieron con el Homo Sapiens, si se mezclaron con ellos, si fueron los autores de algunas de las pinturas rupestres más hermosas de la prehistoria o de si nosotros, el hombre actual posee algo de neandertal, se han tratado a lo largo del tiempo, por los especialistas, desde el hallazgo de sus primeros restos óseos. Hipótesis que van quedando despejadas, y que sin embargo siguen sin ofrecer respuesta a su desaparición repentina.

El hombre neandertal, también vivió en el levante español. Si trazamos una línea imaginaria entre los yacimientos neandertales encontrados, observamos, como desde Oliva (Cova Foradà), hasta Xátiva (Cova Negra) ambos con yacimientos neandertales, cruzamos por Gandía (Parpalló) y nos aproximamos a Quesa, Bicorp, o Dos Aguas. Sin que en ninguno de los últimos lugares se hayan hallado todavía restos o pruebas del hombre neandertal, pero sí de sus primos hermanos, el Homo Sapiens en edades posteriores a su desaparición.

Una de las hipótesis en estos momentos, es la que persigue D. José Aparicio en el yacimiento situado en la localidad de Oliva y conocido como la Cova Foradà.

Allí, puede estar otra respuesta a los enigmas de los Neandertales. Nuevas informaciones que aporten luz a las investigaciones llevadas hasta el momento. El arqueólogo jefe de la sección de estudios arqueológicos valencianos de la Diputación Provincial de Valencia, (SEAV), junto con su equipo, esperan pacientes, los resultados de sus excavaciones, estudios y dataciones, para aportar a la prehistoria de Valencia una de sus respuestas más buscadas. De hecho, hace apenas unos días, el mismo Aparicio publicaba un artículo, en el que destacaba la importancia de las investigaciones en la Cova Foradà de Oliva, donde los restos encontrados datan desde el 100.000 a.C. hasta el 1500 a.C. pasando por el 8.000 a.C. Pero lo que más destaca es la aparición de medio esqueleto neandertal, faltando la pelvis y las extremidades exteriores en el año 2010.

Otras investigaciones en la zona Franco Cantábrica, concretamente en la cueva del Esquilleu, aventuraron, que el último neandertal vivió en Cantabria hace 24.000 años, mucho más cerca de nosotros de lo que se pensaba en el pasado. El yacimiento Neandertal de Gibraltar, estaría a la par con éste, datado en 28.000 años. (Todas estas informaciones han sido consultadas a fecha de 2013).

Estos nuevos descubrimientos, nos aproximaban hacía la posibilidad de que verdaderamente los Neandertales, se mezclaran con los Homo Sapiens. Pero en temas de Neandertales y prehistoria toda información ha de ser cuidadosamente tomada, porque al día siguiente al contratar los datos, todo cuanto se sabía da un giro inesperado. Aun así cualquier hallazgo es todo un regalo para los que nos aventuramos a explorar desde el interior de nuestras mentes y nuestros corazones la prehistoria.

Visita al paraje Cova Negra

Lugar de desconexión mental, alejado de las urbes, y capaz de producir un estado alterado de conciencia

Cuando el caminante se adentra en el paraje de la Cova Negra, perfectamente señalizado y preparado como una ruta de perfecto acceso, junto al río Albaida, descubre nada más comenzar a caminar, que aquel lugar posee algo especial. Un silencio acompañado de formas, vegetación, olores y oquedades escondidas entre matorrales o diferentes alturas, quizás quebradizas, quizás atrayentes, por la arenisca amarilla que de ellas se desprende y por la sensación de miedo y emoción que se conjuga al unísono para invitar a los más valientes a formar parte de un pasado prehistórico que nos abre las puertas.

La sensación de calidez junto con el aumento de la temperatura del cuerpo humano por la excitación al adentrarse en un lugar oscuro y desconocido, puede llegar a convertirse en un juego durante gran parte del camino. Un juego que con el mayor respeto hacia lo que nos rodea y tratando de no desvirtuar ni la imagen ni cada uno de los lugares a los que vamos accediendo y que puede llevarnos a alcanzar un especial estado de ánimo que nos desvincula de la cotidianeidad, de la racionalidad y del día a día, para hacernos viajar por algunos minutos al interior de nuestra mente y de nuestros miedos. Nos abrirá los sentidos y otros nuevos se despertaran, al permanecer en contacto con la madre tierra. Tan cerca y tan lejos. Y al observar la oscuridad, nuestros ojos, se cargarán de una especial atención chispeante por querer ver, más allá de los pasadizos minúsculos e intrincados que de seguro se esconden tras las rocas que nos cierran el paso, pero que dejan sentir leves corrientes de aire, unidas al repiqueteo de una gota de agua que juega al escondite en la oscuridad.

Así es como me sentí, cuando descendimos aquellos escasos metros que nos separaban del exterior, en una pequeña oquedad natural camino de la Cova Negra.

Visitar determinados lugares, es trascender a un nuevo estado de conciencia, y para conseguir este efecto, el caminante ha de desprenderse de todos y cada uno de los pensamientos que traía en el camino. Ha de olvidarse de todo cuanto espera ver, o de todo lo que tiene que hacer tras su paseo. Este tipo de oquedades en el paseo hacia Cova Negra, nos ayudan a olvidarnos de todo aquello que no ha de estar en nuestras mentes y obligan a nuestro cerebro a cambiar su estado fragmentado, a otro estado más infantil, donde la plasticidad es posible, mediante la ruptura con lo esperado, lo conocido o lo racionalmente observado. La entrada o aproximación a la boca de la madre tierra, respirar su aliento, escuchar su silencio, palpar su humedad y cobijarse entre las paredes de su vientre no es más que volver al comienzo, y vibrar como un recién nacido que descubre por primera vez todo un mundo nuevo, del que gracias a nuestra imaginación, creatividad y expresión, es posible disfrutar y aprender, más allá de lo que pone en los libros o de lo que estábamos dispuestos a comprobar.

Algo más allá de la simple visita guía, puede encender nuestros corazones, y es por ello, que este paraje de la Cova Negra, también podría ser considerado como un lugar especial. Pues con la mente fresca y los sentidos desarrollados por la ruptura con lo convencional, cuando uno llega a la Cova de la Petxina, más allá de la Cova Negra, pero en el mismo enclave prehistórico, será capaz de experimentar lo que yo experimenté, en el silencio de aquellas paredes, en las alturas y de una forma casi sobrenatural. Entrando en sus mentes, y tratando de saber, como reaccionaron ellos, al sentir la explosión de sonido que se produce, como respuesta del eco y el retumbar de las corrientes del río en las paredes del abrigo.

La magia, está servida. El visitante, que cierra los ojos, y se aproxima a este abrigo de forma redondeada, descubrirá, como si las mismas corrientes del río que discurre a lo lejos, resbalara absolutamente por las paredes de su espalda y pudiese sentir el frescor de esas aguas cristalinas que les ofrecieron a nuestros ancestros, la posibilidad de vivir en aquellas tierras. Ellos vivieron allí.

Junto al pequeño abrigo, existe otro a escasos metros, vallado y de más amplitud y altura, donde además de reconocer el eco en su parte más orientada a la derecha, podemos encontrar pinturas rupestres de arte esquemático, de épocas posteriores a los restos de neandertales hallados en la Cova Negra, 2 Km antes.

Los sonidos en la prehistoria, que tanto interés están generando a la nueva disciplina de la arqueología, conocida como la arqueomúsica, y los recientes estudios de la profesora Margarita Díaz y el resto de profesionales, con respecto a la elección de abrigos para las pinturas rupestres, dependiendo de la capacidad de eco y sonoridad que estos tuviesen, bien podrían encontrar en estos dos abrigos su razón de ser.

La Cova Negra: hogar neandertal

Tras subir las escaleras, hechas por la mano del hombre moderno, y tras encontrarse en un primer momento con una enorme valla que nos frena los pies, pero que es necesaria para evitar el deterioro o la destrucción, nos encontramos con un abrigo de grandes dimensiones, tanto en altura como en anchura. Abrigo, donde se han encontrado restos de neandertales de diferentes épocas, edades y sexo. Aunque destaca por contener restos de niños, interpretado como lugar de enterramiento, ritos u ofrendas.

Aunque no queda muy claro que los neandertales enterrasen a sus muertos, las últimas teorías apuntan a que los Homo Sapiens, se mezclaron con los Neandertales, por tanto, viviendo tan cerca, y aunque no llegasen a formar nunca parte

153

de la misma tribu, grupo o clan, y aunque en algunos momentos, mantuviesen sus luchas por el territorio o la alimentación, el contacto es casi imposible de ser descartado, por tanto, la imitación, en un momento dado de su existencia, es tan posible como la esencia de seres humanos que tenemos todos dentro y que nos caracteriza. Como animales aprendemos de la imitación de nuestros mayores, amigos, o compañeros. Como humanos pensamos y elegimos a quién queremos imitar, por qué y para qué. Decidimos y en esa toma de decisión nos diferenciamos del resto de los animales. Más allá de todo esto, visitar la Cova Negra, para el no especialista, se convierte en un espectacular yacimiento, donde con un poco de imaginación, podemos encontrarnos con nuestros antepasados haciendo un fuego, curtiendo pieles de animales o limando piedras de sílex para preparar sus útiles de caza, y en lo más profundo de nuestras conciencias de soñadores, advertiremos que un deseo casi infantil nos inunda.

Quisiéramos hacer desaparecer los milenios que nos separan de ellos, viajar en el tiempo, y a través de aquellas verjas, mirarles a los ojos, sentirles cerca, juntar nuestras manos y sentir la totalidad de la creación desde su tiempo al nuestro. De sus huellas a nuestras huellas. Desde su pensamiento hasta nuestro pensamiento. Y entenderles y comprenderles.

Cova Negra

Caminando a la Prehistoria, Xátiva

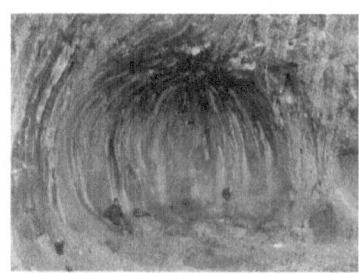

Cueva de la Petxina, Xátiva

Cova Negra, Xátiva

Abrigo de Piedra, Xátiva

Cueva de la Petxina 2, Xátiva

El espíritu del Oso

Abrigos de piedra

Abrigo de piedra, alrededores
Cueva del Gato (Málaga)

Abrigo de Piedra, Xátiva

Abrigo del Voro, Quesa

Abrigo de Piedra, Conquezuelas (Soria)

156

RELATO IV
NEANDERTALES MÁS SAPIENS: LA UNIÓN

Aquella mañana de primavera amaneció más fría de lo normal, pero el gran jefe decidió que había llegado el momento de salir de la cueva para iniciar el nuevo ciclo de caza y recolección. Todos estaban muy impacientes por la llegada del gran día, tras el invierno y tanto los hombres como las mujeres y los niños estrenaron sus nuevas pieles confeccionadas en el interior de la cueva durante los meses más fríos. Las placas de hielo y las estalactitas todavía eran visibles en las oquedades más sombreadas del exterior de la cueva, pero la nieve comenzaba a dejar paso a los primeros brotes de hierba tras los rayos del sol del amanecer. Cargando con sus útiles de caza y sus cestas de recolección, ambos grupos salieron del hogar dispuestos a no volver con las manos vacías.

La mano en alza del primero del grupo de cazadores, hizo la señal y todos se quedaron quietos y en silencio. Aquel que ocupaba los primeros puestos en el rango de sucesión del gran jefe por su habilidad para la caza y rapidez había encontrado algo. Agachando su cuerpo hasta prácticamente rozar el suelo, cerró los ojos y comenzó a oler lo que parecían huellas y restos de animales. Con sumo cuidado, se dispuso a remover la tierra visible para tratar de encontrar más restos que identificaran aquella nueva especie. Las huellas eran prácticamente idénticas a las suyas, y lo comprobó poniendo su pie sobre una de ellas. Al tiempo se dio cuenta de que aquel animal caminaba sobre dos patas como lo hacían ellos, y sus ojos se abrieron mientras trataba de buscar entre sus compañeros, la mirada del gran chamán.

Ataviado con plumas, calabazas colgando de un cinturón de piel de uro y una enorme cornamenta de ciervo sobre su cabeza, el chamán se aproximó con suma firmeza hasta el cazador. Cerró los ojos e inmediatamente ordenó que toda la tribu, sin excepción continuara la marcha. Si aquellas huellas estaban frescas, el animal no podría estar muy lejos, y ellos eran multitud, pues solo aparecían un par de huellas que se perdían en el riachuelo. Como apenas les llegaba el agua a los tobillos, decidieron cruzar y sortear algunos árboles caídos para llegar al otro extremo de la cadena montañosa.

A lo lejos un águila sobrevolaba un abrigo de piedra, localizado a escasos kilómetros de su posición. De pequeñas dimensiones y con pocas posibilidades de huída, el chamán ordenó caminar hasta allí. Aquel ser, mitad hombre, mitad espíritu, sentía, en lo más profundo de su ser, que allí se hallaba la respuesta. Unos gritos les alertaron y todos pararon nuevamente esperando una señal. El primer cazador decidió aproximarse junto a dos cazadores más, hasta el abrigo, pero los gritos, en aquel mismo instante se trasformaron en llanto.

Un llanto que haría palidecer al mismísimo Dios. Sin pensarlo dos veces, el cazador, seguido del resto de la tribu, corrió dirección al abrigo y la sorpresa fue mayúscula, cuando encontró en su interior, a un grupo de humanos, muy parecidos a ellos, cubiertos con pieles, delgados y con síntomas de hipotermia y desfallecimiento. Entre ellos, los más pequeños, no paraban de llorar, mientras se aferraban a los brazos de sus madres. Inmediatamente un fuerte rugido alertó al cazador, que por instinto lanzó su arma hasta atravesar el corazón de aquella bestia que se abalanzaba contra los pequeños.

No se conocían de nada, pero la situación de indefensión que sentían aquellos que tanto se parecían a su tribu, les hizo tomar una clara decisión, más allá de sus instintos de caza y territorialidad. Sin saber cómo, la tribu de la cueva del agujero negro, había salvado la vida de aquellos desconocidos.

Ilustración: Giuseppe Berardi

Instantes después, una de las mujeres se levantaba, juntaba sus manos y agachaba su cabeza en señal de agradecimiento, dejando en el suelo, inmediatamente después, una de las pieles que cubría su cuerpo, como obsequio para aquel ser, tan parecido a ella, que les había salvado la vida.

Fue el Chamán, quien dio el primer paso y tras oler a aquella mujer, le agarró por la barbilla y tras palpar aquel hueso extraño en su cara, le levantó el rostro hasta mirarse fijamente a los ojos.

Los ojos azules como el infinito cielo del chamán, reflejaron la mirada color miel de la mujer. Ambos sintieron un escalofrío mutuo y más allá del tiempo y el espacio sus espíritus se mezclaron en un solo suspiro, en un silencio eterno. Inmediatamente y como si algo más que el sentido común les poseyera, ambos acercaron sus frentes, hasta rozar sus rostros y desde ese momento, se pactó la unión. Algo más allá del entendimiento de cada miembro de la tribu, que observaba expectante la tremenda escena, se estaba gestando en la mente y en el interior de aquellos dos seres tan diferentes, pero tan iguales. Levantando su brazo, el chaman ordenó al grupo que ayudasen a los que serían los nuevos miembros de la tribu. Poco a poco fueron recogiendo todos sus enseres y pertenencias, armas, utensilios y pieles, y se fueron uniendo al resto de la tribu entre miradas de extrañeza y tímidas sonrisas de aprobación y gratitud.

La gran madre Sapiens, con sus cabellos canosos y su manto de piel de oso se incorporó al paso junto con el chamán, que la invitó a caminar junto a él. A su ritmo. A su paso. Ambos sabían más allá de las palabras, que aquello significaría el comienzo de una nueva generación. Que ambas tribus se unirían, dando nacimiento a un nuevo ser. Porque ellos, veían donde nadie puede ver. Porque sus mentes, entrenadas tras días y días de ayunos, sueño y soledad en las zonas más oscuras y alejadas de las cavernas, habían aprendido a imaginar, a crear, a soñar y a iluminar al resto de los miembros de la tribu con sus enseñanzas y nuevas visiones.

Así fue como aquel encuentro y los posteriores que se fueron sucediendo a lo largo del tiempo entre estas dos especies, llevaron al nuevo hombre a evolucionar, más allá de las diferencias. Más allá de las distancias. Ellos no desaparecieron. Ellos evolucionaron. Se mezclaron. Están en nuestra esencia, en nuestro ADN, en nuestra memoria prehistórica.

La gran madre Sapiens, y el chamán Neandertal, sintieron que la soledad de verse confinados a ser los miembros más sabios del clan, les había dejado congelada una parte de sus anhelos más profundos como seres humanos, y su encuentro, fue como la luz que brilla en el crepitar de sus días. Ambos, con el paso del tiempo, comenzaron a iniciar a los más preparados para que les sustituyeran tras su partida, y con el paso de los años, se fueron retirando poco a poco de sus respectivas tareas, viviendo el principio de una primavera anciana, en la compañía de un amor compasivo, tierno y tranquilo, hasta el fin de sus días.

Ilustración: Giuseppe Berardi: "El encuentro"

CAPÍTULO 10

El espíritu de la cueva

El compañero inseparable de nuestros ancestros

Hace 10.000 años, nuestros antepasados decidieron abandonar las cuevas. Son muchos los ejemplos en los que las cuevas que hoy conocemos, han sido descubiertas tapiadas con rocas amontonadas en su entrada, además de los arbustos y árboles que las han podido cubrir con el paso del tiempo, pero resulta inquietante o sorprendente, que en muchas de ellas, aparezca la acción humana de haber cerrado roca a roca su entrada. Probablemente algunos han pensado que todos cerramos la puerta de nuestra casa antes de salir, sobre todo, si pensamos tardar mucho tiempo en regresar, para que ningún intruso o desconocido entre en su interior y pueda, además de robar nuestros objetos de valor, invadir nuestra intimidad. En nuestra mente moderna, este tipo de comportamientos, puede y de hecho resulta sociológicamente normal, pero, la mente prehistórica, aunque pueda ser en su esencia igual a la nuestra, casi con toda probabilidad no lo fue en su entendimiento del mundo que le rodeaba.

Seguramente, su relación con el entorno, en medio de la lucha por la supervivencia, también lo fue de respeto, observación y comunicación con la naturaleza, en sus formas más simples, otorgando significados a cosas, hechos o animales, que para nosotros pasan hoy totalmente desapercibidos. Es por ello, que no he podido dejar de pensar acerca de por qué, nuestros ancestros cerraron las entradas de las cuevas, más allá del simple sentimiento de propiedad y territorialidad del pensamiento moderno. Y coincidiendo con la aparición de un nuevo brote de un virus extremadamente mortal recientemente en África, y leyendo a cerca de la historia de los virus y su antigüedad, no puedo más que plantear la hipótesis de que en algunos casos, ésta fuese la razón de que nuestros antepasados abandonasen la cueva, tras convertirse para ellos, en un lugar de enfermedad y muerte.

Por haberse contagiado de virus que estuviesen en cuarentena durante miles de años, y al entrar en contacto con nuestros antepasados, se reactivaran, o por haber contraído una serie de enfermedades, que les llevaron a la desaparición como apuntan algunas hipótesis acerca de la desaparición del hombre de neandertal. Pero de estos análisis y otros relacionados tanto con sus dietas como con la causa de sus muertes, se ocupan otras disciplinas especializadas dentro de la arqueología de la muerte, como la arqueología forense o la paleontología.

Fotografía de la autora

RELATO V
EL SECRETO DEL ESPÍRITU DE LA CUEVA

La cueva estaba sellada. La profecía del último chamán se había cumplido. Tras colocar la última piedra, el joven guerrero gritó alzando los brazos al cielo, cerrando para siempre, la historia de su clan.

Lleno de rabia y furioso por no haberse quedado con los suyos luchando con el espíritu de la muerte hasta el final, marcó su rostro con tierra roja mojada en sus propias lágrimas y apretando los dientes, juró, que algún día, él mismo, se enfrentaría al espíritu de la cueva y le vencería. Por ellos, por la memoria de su clan.

Habían pasado nueve lunas, desde que el chamán le obligara a escapar río abajo, del espíritu de la muerte que había comenzado a acabar con la vida de cada uno de los miembros del clan. La sangre, roja como el sol del atardecer, comenzaba a brotar de los cuerpos de sus compañeros, sin que ninguna planta o invocación a los espíritus pudiese menguar aquella devastación. Sufrían, gritaban, se retorcían y la vida, se les escapaba a borbotones por cada poro de su piel.

El gran jefe de la tribu, encendió un enorme fuego en el interior de la cueva, un fuego que hubiese asustado hasta el espíritu del gran señor de las cumbres blancas, pero que no calmó la ira del espíritu de la cueva. Aquel niño, nacido en la noche de la luna negra, en el interior de aquella cueva, había traído la desgracia al clan. Pues la cueva, pedía su vida a cambio de la permanencia del clan en su interior, pero el chamán, no quiso realizar el ritual y en el último momento, sacó a la madre y al niño, de la cámara oscura donde solo, los espíritus tienen acceso.

Solo el chamán sabía por qué no acabó con su vida. Solo el chamán habló aquel día con el espíritu de la cueva. Solo él, tenía la respuesta. Solo aquella noche, tras el último fuego y después de obligar a escapar al pequeño, ya convertido en joven guerrero, explicó al resto del clan, el secreto del espíritu de la cueva.

"Ohmao, el guerrero de la luna negra, es la supervivencia del clan. Su vida es un regalo. En su supervivencia, está la supervivencia del clan. El espíritu de la cueva le ha otorgado el poder de la vida eterna. El "más allá", un día, se llevará a todos los miembros del clan. A todos menos a él. Pues contiene la esencia de la vida y de la muerte. En su interior habita el espíritu de la cueva, y por ello, tan solo él sobrevivirá. Su vida es la vuestra y en el amanecer de otros tiempos, su semilla germinará para siempre. Él es el clan. Ohmao será, el único superviviente, tras la noche de fuego, donde la sangre tinte de rojo la luna de luz. Y un día, en otro tiempo, el espíritu de la cueva, despertará en otro niño, nacido como ya lo hiciese Ohmao, en el interior de una cueva, y su semilla, se extenderá, sobreviviendo a la devastación incesante del poderoso espíritu de la madre tierra, mientras muchos de los suyos, partirán al otro lado, bañados en el líquido de la vida y abandonando sus cuerpos, hasta cruzar el umbral de la gran roca."

Tras su explicación, el mismo chamán, comenzó a toser, abandonándose junto al resto de los miembros del clan en el interior de la cueva, la noche de la profecía.

Pintura digital: Giuseppe Berardi
"Desesperación"

CAPÍTULO 11
Volcanes, la garganta de Gaia

"El triásico, o más precisamente el
Keuper (...) suelen ser bajo la forma de grandes manchas
alargadas y anchuras del
Orden de los dos o tres kilómetros, es decir, los típicos canales
valencianos (...) a la búsqueda y estudio de nuevas zonas
cársticas, junto
al examen de las alineaciones, nos ha inducido a señalar la
existencia,
dentro de la región Ibérica, de una subregión geológica que
denominamos
(Central o de Escudo) (...) quedan en su interior, como más
destacadas formaciones,
la Muela de Cortes de Pallás, la meseta de Millares, la Muela de
Bicorp, el Macizo del Caroig, el Peñón de los Machos, la Sierra
de Enguera, etc.."
(Del Grupo Espeleológico Vilanova y Piera de la Diputación
Provincial de Valencia). Los canales triásicos valencianos.

El volcán ofítico de Quesa, conocido como el Cerro Negro (314 m), ya referido por Cavanilles en su libro, resulta de vital importancia para desarrollar el tema que nos ocupa, ya que una vez más, otro fenómeno de la naturaleza, puede ayudarnos en la búsqueda del enigmático poder que se esconde en estas tierras levantinas y una razón más por la que nuestros arqueros podrían danzar.

En épocas posteriores, los habitantes del poblado eneolítico de la Ereta del Pedregal, utilizaron las piedras de este volcán, para fabricar hachas y azuleas de piedra pulida.

Descripción de Cavanilles del Volcán de Quesa

"Aun cuarto de legua de Quesa hacia Navarrés en el distrito conocido con el nombre de Huerta de los arrozales junto al río Escalona, se levantan muchos cerros de yeso, entre ellos uno llamado con mucha propiedad Cerro Negro, por componerse desde la raíz hasta la cumbre de rocas negras. Parece que todo el cerro formó antiguamente una masa sólida sin tierra ni separación de bancos, y que en otra época posterior padeció alguna conmoción, por la cual se separaron y desprendieron las peñas y fragmentos que hoy lo cubren, todas durísimas y con ángulos agudos (...) Contiguo a este cerro hay otro de yeso, y en él una cueva de 300 varas (...), tiene escasamente 5 pies de altura, y menos en la entrada. Llegase a ella por una senda estrecha y peligrosa junto a un despeñadero de 100 pies: todo el interior es de yeso pardo y sólido (...) en las paredes interiores vi gran copia de una sustancia blanca vitriólica dispuesta en fibras capilares brillantes, las cuales se hinchaban y ardían a la luz de la vela (...)
Entre el cerro negro y el contiguo de yeso hay porción de tierra gredoso-yesosa de varios colores (...).En la tierra de este último color se halla cantidad prodigiosa de talco algo verde (...) Se conoce aquel sitio con el nombre de mina de la plata".
"En el partido de Cañaret del citado término hay una mina de hierro negro (...) atrae las limaduras sutiles, y por tanto participa la virtud magnética."[61]

Las observaciones de Cavanilles 200 años después

[61]. LACARRA, JULIO; SÁNCHEZ XIMO; JARQUE FRANCESC. Libro segundo. Las observaciones de Cavanilles doscientos años después. Edición Bancaja 1995.

Virtudes de los volcanes

"Los volcanes son manifestaciones de la energía interna del planeta. Son fisuras en la corteza terrestre por la que se emite al exterior, mediante una erupción, el magma generado en los procesos internos de fusión de las rocas."[62]

Durante miles de años, los volcanes han sido considerados por el ser humano como lugares muy especiales donde se concentraban las energías más potentes e internas de la tierra, bien positivas, bien negativas.

De hecho, sus erupciones y sus posteriores efectos sobre la tierra y sus pobladores, dieron lugar a infinidad de cuentos y leyendas de todos los tiempos.

Sus efectos pueden ser tan devastadores, que podrían acabar con toda una población, como ya sucedió en el pasado.

Pero al mismo tiempo, los lugares que se rodean de volcanes, poseen una energía especial, donde los suelos son más ricos, (más fértiles, con más recursos minerales e incluso con energía geotérmica que puede ser aprovechable por el hombre).[63]

Y aunque hace millones de años, que nuestro volcán ofítico en Quesa, se extinguió y que probablemente nunca o dentro de otros muchos millones de años vuelva a erupcionar, sí que nos gustaría destacar su proximidad al paraje de los charcos.

---

[62] FUENTE: I.E.S. "Flavio Irnitano" – El Saucejo (Sevilla) Curso 2.013 – 2.014.Departamento de Ciencias Naturales NIVEL: 2º Bachillerato ASIGNATURA: CIENCIAS DE LA TIERRA Y MEDIOAMBIENTALES

[63] FUENTE: I.E.S. "Flavio Irnitano" – El Saucejo (Sevilla) Curso 2.013 – 2.014. Departamento de Ciencias Naturales. NIVEL: 2º Bachillerato. ASIGNATURA: CIENCIAS DE LA TIERRA Y MEDIOAMBIENTALES

Proximidad a Quesa y su hipotética influencia interna, para aportar al lugar, cierto grado de energías que se podrían manifestar en su belleza cargada de vegetación y suelos fértiles. Además de provocarle al caminante grandes dosis de bienestar.

Fotografía de la autora

CAPÍTULO 12
Planteamiento "artístico" del Voro
Por Giuseppe Berardi (pintor, dibujante, restaurador)

Análisis del proceso creativo de la danza de los arqueros, tratando de aproximarnos a su pensamiento, su vida y su propósito. El estudio se centra en las cuatro figuras conocidas como la danza de arqueros por la arqueología.

Tomaremos como punto de referencia, las claves que se analizan en el proceso creativo de la cueva de Altamira, que aparece reflejado en el libro: "Altamira" de Pedro Saura.

Análisis del proceso creativo

Localización:

No parece que el autor de las pinturas hubiese pintado al azar, pintando aquí y allá. Parece que hay un sentido a la obra. Las figuras representadas están ubicadas en una de las paredes frontales del abrigo. Si nos colocamos de frente a la verja las localizaremos de frente a nuestra mirada, más o menos a la altura de nuestra cabeza.

Iluminación empleada

Cabe distinguir en este apartado dos posibilidades:

    a) Iluminación natural: en este caso las pinturas se realizarían a plena luz del día.

    b) Iluminación artificial: para este segundo caso, el autor de estas pinturas, emplearía la llama que produce la combustión del tuétano de los huesos de animales. A través de fibras vegetales o pelos de animales impregnados con la grasa, proporcionando así la iluminación, que podría abarcar unas dos horas de luz según los centímetros cúbicos.

Elección del lugar

El techo del abrigo tiene forma cóncava que llega hasta el suelo. Si nos colocamos de frente a las pinturas, observaremos que a la altura de nuestra mirada, sobresale un trozo de roca con dirección horizontal. No es lisa, pero sirve para el propósito.

En la imagen apreciaremos la zona o franja horizontal idónea para recibir las pinturas, pero el autor de éstas, elige una zona concreta: la zona A (véase imagen). ¿Por qué? Pues por las propiedades de la roca, que permiten pintar sin interrupción mientras se va pintando. No hay obstáculos que salvar, sólo en la zona A, hay libre espacio para ubicar todas las figuras.

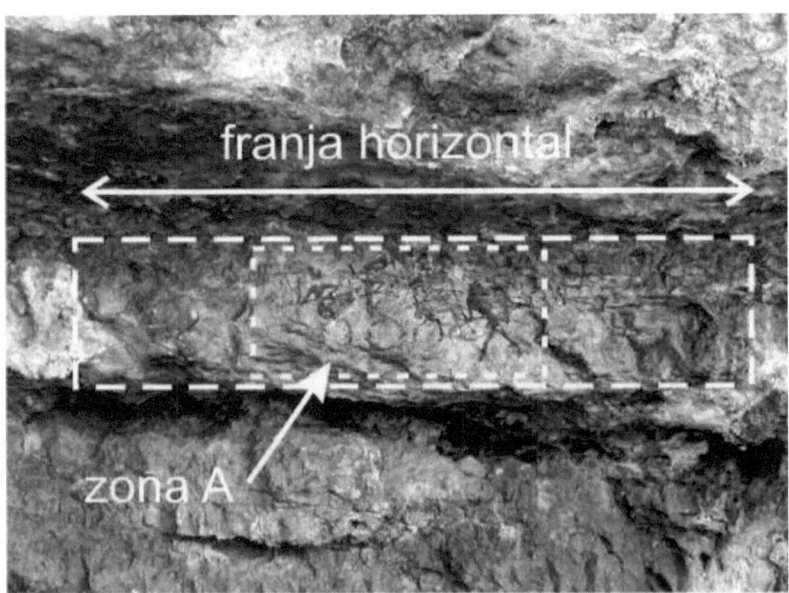

Postura física

Parece obvio que la postura más indicada para pintar es de rodillas, cuclillas o sentado y de frente a la obra.

Dirección del trazado

La dirección de las pinturas comienza desde la derecha hacia la izquierda, debido a la dirección de las figuras representadas y a la elección del soporte.

No tendría sentido comenzar la figura desde la izquierda hacia la derecha, porque podría topar enseguida con los relieves que sobresalen a la derecha obstaculizando la ejecución. Por tanto parece que el autor, ya elige la zona. (En la imagen se muestra como zona A).

Podría ser que el autor fuera zurdo dada la dirección de las figuras, ya que podría borrar o llevarse consigo parte del trazado de la figura anterior mientras pinta la siguiente.

Por supuesto cabe la posibilidad que también fuera diestro, pero en este caso, tendría que tener mayor cuidado de no borrar con la mano las figuras anteriores mientras comienza la siguiente.

Dirección tomada para la realización de las pinturas

Técnica

En cuanto al pigmento utilizado se trata de óxido de hierro, un mineral que machacado y mezclado con agua y removido con una ramita para homogeneizar la mezcla produce este color rojizo. Demasiada agua produce un color transparente y daría unos resultados escurridizos en la pared, con poca agua, resulta una mezcla muy espesa y difícil de aplicar.

La mezcla se podría haber realizado en un cuenco de piedra, oquedades de huesos y madera. Fácil de transportar en una sola mano.

En este apartado, cabe apreciar que habría un método bastante eficaz para pintar los arqueros: se trataría de un pincel rudimentario, compuesto por una ramita y fibras vegetales o pelos de animales o incluso del cabello humano en uno de sus lados (ésta sería la zona de impregnación del color). Estas fibras o pelos, se unen con la rama con una especie de resina que al secarse se solidifica. Y, por otro lado, la punta de este pincel rudimentario se va impregnando o mojando en la mezcla obtenida en el cuenco que tiene en su mano y con la otra mano traza la figura. Y aquí entra de nuevo la iluminación que usó el autor para pintar. Si consideramos el primer caso expuesto anteriormente, la iluminación natural, cabe pensar que sólo tendría en su mano el cuenco con la mezcla y en la otra mano el utensilio que traza la figura. Pero si se ha realizado en plena oscuridad o con escasa luz, habría que añadir un tercer elemento, en este caso un cuenco con el tuétano para proporcionar la luz artificial necesaria para pintar la zona elegida. En el caso de que se pintara de noche, quiero pensar que en una mano tiene el pincel y en la otra mano, sujeta el cuenco con la llama, acercándola de vez en cuando para trazar las figuras.

¿Cómo mojaba el instrumento para pintar? En las inmediaciones de la pintura, hay ranuras lo suficientemente anchas como para apoyar el cuenco donde se encuentra la mezcla. Simplemente tenía que aproximar el utensilio para mojar su punta, como antiguamente lo hacían los escritores con su pluma y la tinta al alcance de la mano.

CAPÍTULO 13

El miedo

¿Qué es el miedo?

¿Quién no ha sentido miedo, terror, pavor, alguna vez?

Desde casi recién nacidos, si recordásemos aquellas primeras sensaciones, tras abrazar la vida, tras la salida del vientre materno, seguro que sentiríamos la sensación de lo que hoy reconocemos como miedo. Desde que nuestra madre nos apartaba de sus brazos, hasta que nos apagaban la luz y nos dejaban en la cuna en soledad. Incluso un grito de algún adulto cercano a nosotros, o el ladrido de un perro, pudo darnos miedo.
Y esos miedos, fueron aumentando con los años.

Cuando éramos niños, ¿quién no ha dormido alguna vez con la luz encendida? ¿Quién no ha gritado llamando a su madre en medio de la noche? O, cuando, jugando por el bosque o la playa, se ha dado la vuelta y se ha sentido perdido, sin la figura de alguno de los mayores que le acompañaban. Incluso, el miedo de alguno de nuestros progenitores o amigos, inculcado y aprendido socialmente por nosotros, para el resto de nuestros días.

Hoy en día, pueden haber cambiado los parámetros de nuestros miedos. Algunos son más fuertes que otros. Miedos culturales y sociales, que nos hacen comportarnos de una determinada manera, para no perder lo que hemos conseguido o para lograr alguno de nuestros sueños. Miedos más emocionales, como la sensación de no volver a ver a un ser querido o más filosóficos como el miedo a perder el sentido de la vida y nuestra existencia. Pero más allá de todos estos miedos que son hijos de los tiempos en que vivimos, existen miedos que casi todos los seres humanos hemos compartido a lo largo y ancho de las diferentes humanidades en las que hemos sobrevivido.

El miedo a lo desconocido, a la enfermedad, al dolor y con ello, el miedo a la muerte, son los mayores terrores de todos los tiempos.

Y casi siempre, ese miedo, al igual que el hambre, la sed o el calor, existe y se materializa en nuestro cuerpo, más allá de las emociones.

Se trasforma en una punzada de dolor, angustia, parálisis, mareo e incluso puede llegar hasta manifestarse frente a los demás, en forma de gritos, llantos y lamentos.

Todas y cada una de las sensaciones que sentimos, proceden del mismo lugar. Pero ¿cuál es ese lugar?

No existe ser humano en el mundo que no lo haya sentido alguna vez, y sin embargo, en la mayoría de las ocasiones lo silenciamos. Lo convertimos en algo tabú, innombrable e impronunciable, por no decir, inconfesable.

Si preguntásemos a muchas personas, acerca de cuáles son las cosas que nunca contarían a nadie, seguramente muchos coincidirían en alguno de sus miedos más profundos, y otros ni siquiera nos responderían, porque siguen muy adentro de su interior.

No sé si será mental, no sé si será emocional, incluso no sé si formará parte de nuestro código genético, como seres humanos que somos. Pero si de algo estoy casi segura, es que el miedo, como el sueño, el hambre, el frío o las lágrimas, forman parte del ser humano desde la primera humanidad.

Ellos, los hombres de las cuevas, conocían el miedo. Lo sentían y buscaron estrategias para dominarlo, entenderlo e incluso superarlo.

Nuestra tribu de arqueros, sus descendientes más directos, también lo sintieron.

En el amanecer de los tiempos, cuando el sol, astro rey se apagaba para dejar paso a su amante la luna nueva, y en su cara más invisible, dejaba en la más absoluta oscuridad a nuestros ancestros, ellos sintieron miedo.

Hasta que utilizaron el fuego, sus noches, fueron las más largas que el ser humano haya pasado en toda nuestra existencia. Y en esa misma oscuridad surgió la luz.

El calor del fuego chispeante que suavizo la rudeza de rostros en penumbra, para dar paso a las más sigilosas sombras, proyectadas sobre las paredes y techos de cuevas y abrigos. Sombras que hoy reconocemos como tales. Sombras que aun hoy en nuestros días y con todos nuestros conocimientos, pueden sobrevolar nuestro lado inconsciente y devolvernos al tiempo de nuestros antepasados, para sentir, como ellos el miedo más aterrador, intenso e inconfesable que jamás hayamos vivido. Sombras que proyectadas en las paredes de los abrigos, con la oscuridad de la noche y los sonidos adecuados, pudieron provocar en los chamanes de la prehistoria, sus momentos del trance. Sombras, que proyectadas sobre la piedra, pudieron ser copiadas, por los primeros artistas de la humanidad. Y trasladadas al lienzo de piedra que hoy admiramos con el mayor asombro, curiosidad e inquietud.
Sombras que conectaban al ser humano con el lado desconocido, pues con toda seguridad, aquellos primeros hombres, no tendrían explicación a aquellas manifestaciones oscuras, que se movían a lo largo y ancho de las paredes, al ritmo, de la chispeante luz de las hogueras, como única respuesta a sus movimientos delante del fuego.

Pero más allá de las sombras, existieron y siguen existiendo hasta nuestros días, otra serie de factores que provocan en todos los seres humanos una serie de escalofríos, seguidos por determinados estados de shock o trance y que compartimos como si de una extensa red de conexiones neuronales se tratase.

Han sido muchos los investigadores, que han intentado averiguar de dónde procede el miedo, y muchos los experimentos, que tanto en el ámbito sociológico como psicológico se han llevado a cabo.

Todos reaccionamos casi de la misma manera, frente a determinados peligros que nos causan pavor.

Todos salimos corriendo en estampida, cuando alguien grita fuego, cuando vemos una conducta peligrosa en algún individuo o cuando simplemente nos sentimos amenazados, aunque de antemano, no sepamos qué sucede.

Existe en nuestro cerebro y en nuestros códigos internos, una señal de alarma, que nos acelera las pulsaciones, nos sube los niveles de adrenalina y nos indica que ha llegado el momento de escapar. Sea cual sea el peligro. Códigos ancestrales que nuestra tribu también sentía en el pasado, y a los cuales tuvo que hacer frente si quería sobrevivir y garantizar la pervivencia de los suyos.

Es en este contexto, donde el miedo a la muerte y a lo desconocido, pudo forjarse hasta nuestros días.

Miedo que tras ellos, tantas y tantas culturas, filosofías y religiones, han intentado superar, mediante trances, oraciones, ritos iniciáticos o ritos funerarios.

Miedos que surgieron tras la pérdida de un ser querido en la más absoluta oscuridad de una cueva, a causa de una enfermedad para ellos incurable, como un fuerte enfriamiento que dio lugar a unas calenturas y donde la tos, la pulmonía y la neumonía acabaron con la vida de sus compañeros.

RELATO VI

EL GRITO DEL CHAMÁN

"Los primeros cánticos comenzaron a sonar, mientras el chamán, con el cuerpo débil del hijo del gran jefe entre sus brazos, se adentraba en las profundidades de la tierra. Nadie más que él, podía introducirse en aquellos pasadizos de oscuridad y soledad. Donde habitan las almas de los que ya se fueron y donde el gran tótem ciervo, con su cornamenta, defiende la entrada a los no iniciados.

Mientras el chamán se pierde entre las sombras de los últimos arqueros que quedan en pie, tras la infatigable cacería y la inminente pérdida del más joven cazador de la tribu, las mujeres, comienzan a danzar al son del canto más hondo que puede surgir de las entrañas de una mujer. De una madre que pierde a su hijo. De una compañera que pierde al que en pocos días, se convertiría en su compañero. De una abuela que ya conoce la muerte.

El cuerpo del joven muchacho es depositado en el interior de la más oscura de las oquedades de la gran cueva, mientras el chamán, moja sus dedos en el ocre rojo para otorgar la vida eterna al joven moribundo que apenas puede respirar. Con los ojos cerrados y poniendo sus manos sobre el pecho del joven guerrero, comienza a murmurar sonidos del pasado. Sonidos, que le acompañarán en su tránsito al otro mundo, más allá de los muros de piedra. Sonidos que simbolizan un lenguaje, mediante el cual, el chamán se comunica con el más allá. Con los espíritus de los otros que ya se fueron. Con el mundo de las sombras y del que solo el chamán, el que ve, donde nadie puede ver, ha conseguido regresar. Sonidos que todavía hoy se pueden escuchar en el interior de la cueva, mientras el iniciado avanza valiente y se adentra, en la más absoluta oscuridad. Sonidos del pasado que se retuercen en el presente de los tiempos, porque se encuentran impregnados en las paredes, los techos y los suelos de las entrañas de la gran madre tierra.

En el exterior un temblor casi imperceptible hace agitar los arcos de los guerreros en pie, y los cantos dan paso al más absoluto silencio. Un grito en la noche anuncia el tránsito al más allá. Un grito que proviene de las entrañas de la tierra. El grito de la despedida. El grito del chamán que anuncia la partida del guerrero.

Tras el enmudecimiento inicial, todos y cada uno de los miembros de la tribu aproximan sus manos al cuenco que contiene el ocre sagrado y manchan sus rostros para acompañar al difunto en su retorno a la madre tierra.

El chamán golpea su báculo contra el suelo por tres veces, mientras a su alrededor danzan los espíritus de la muerte. Pero él no siente miedo. Él ya se ha enfrentado a ellos y les ha vencido.

Tras cerrar los ojos del difunto, abandona el lugar y marca el camino con un punto rojo. Al tercer día, el cuerpo del joven guerrero será retirado y ofrecido a la madre tierra, como símbolo de alimento eterno."

Acrílico: Giuseppe Berardi
'El Chamán se comunica con los espíritus'

El iniciado

Que profundo término que nunca me canso de pronunciar. Solo pensar en él, me produce una especie de satisfacción, que no puedo menos que sentirme orgullosa de formar parte de ese pequeño gran colectivo, que cada vez, con más frecuencia se abre camino entre la maleza y las hierbas altas de los campos sin cultivar. Para sembrar rosas donde antes había espinos. Para sembrar trigo donde antes había desierto. Para cosechar uvas donde antes, nadie bebía el vino. Para abrir los ojos, donde antes todo era oscuridad y desasosiego. Para anunciar sonrisas donde el velo de las lágrimas, empañó las vidas de los más débiles.

El iniciado. El que rasga el velo. El que ve, donde nadie quiere o puede ver. El que escucha, donde nadie más, tiene oídos. El que se revela frente a lo establecido, y huye constantemente del asentamiento y atontamiento perpetuo, con las alas del ave de la libertad. El que busca debajo de las piedras, para encontrar lo que nadie dejó escrito.

El iniciado. El que busca al maestro porque solo sus enseñanzas le dan consuelo. El que encuentra al maestro porque ya está preparado para seguir el camino del alma, más allá del pensamiento. Porque en esa misma búsqueda halla las claves de la verdadera esencia de la vida. Más allá de lo culturalmente aprendido. Más cerca de todo y más lejos de todos. Para acercarse nuevamente al todo. A la conciencia colectiva que todo lo une, todo lo abriga y todo lo nutre. Todo lo pacifica y todo lo abraza.

El iniciado. La flor del azahar que resplandece en primavera y siembra los campos valencianos con el dulce fruto del naranjo. Y el huerto de olivos repleto de aceitunas en el otoño tardío.

El iniciado. El ocasionalmente bicho raro que se aparta de las conversaciones diarias, para refugiarse en los diálogos más revueltos con la filosofía, la metafísica, la historia, o el mismísimo Dios. El que se ofrece, porque nada pierde. El que da lo que tiene, para despertar a los demás. El que mira con los ojos cerrados. El que escucha con el espíritu y comunica con el silencio.

El iniciado. El que se enfrenta a los misterios más escondidos y trata de revelar las claves de las preguntas sobre la vida y la muerte de todos los tiempos.

El que tras intentar vivir, muere. Y en su muerte simbólica, siente miedo. Y ese miedo le aterra. Y se desvanece. Y tiene visiones. Y escucha voces. Y habla con las sombras. O huye de ellas. Y se cubre la cara para no ver. Pero ve. Ve donde nadie más puede ver. Y se asusta. Y grita. Y llora. Y en la soledad de sus visiones, desfallece. Y muere en el sueño del trance. Y tras despertar, comprende. Ya no siente miedo. Las puertas de la sabiduría se han abierto para él. La llave del conocimiento será su única respuesta. El alfa y el omega de su existencia.

RELATO VII

LA INICIACIÓN DEL ÚLTIMO ARQUERO

Las espesas nieves dejaron paso a los primeros brotes silvestres en las tierras coronadas por el macizo del Caroig. Los rayos de sol se aventuraban por las oquedades de las rocas cubiertas de pieles y ramas secas. Nuestra tribu de los arqueros desciende al desnivel ocasionado por las fuertes lluvias y pronto alcanzan el río. Se preparan para las primeras cacerías. Lavan sus cuerpos aletargados por el frío del invierno en las cristalinas aguas de la tierra que les ha proporcionado abrigo desde que abandonaran las ancestrales cuevas. Se purifican y purgan sus pieles con la energía del agua.

La tierra que los protege, es conocida como la tierra de los siete lagos. La tierra de las cumbres rojas. Las montañas de Quesa. De Queixen. Lugar sagrado, donde la vida es posible. Donde la supervivencia está asegurada. Donde los animales dan alimento, los abrigos cobijo, el sol calor y las mujeres hijos. Donde la madre tierra tiene su guarida. Y el Dios de nuestros ancestros, el paraíso celestial.

Mientras los arqueros cazadores renacían ante el nuevo sol naciente, el resto del clan, se preparaba para las primeras recolecciones de hierbas medicinales, frutos y semillas, que darían fuerzas a los guerreros.

Durante los largos meses de invierno, el joven guerrero ha sido preparado por el Chamán para enfrentarse al miedo de su primera cacería en el interior de las oquedades de los abrigos, conociendo a los espíritus, mediante el conocimiento de sí mismo, para poder concluir así, el primer rito de iniciación.

Acuarela: Giuseppe Berardi
"Primavera en Quesa"

188

Antes del alba, los arqueros más experimentados se reúnen, mientras las mujeres ungen al joven con el ocre amarillo, símbolo de la valentía. Semidesnudo, con el torso descubierto y dejando sus pies descalzos, el joven se aproxima al interior de la cueva, mientras las mujeres le rodean danzando a su alrededor con sus pechos desnudos. Las más jóvenes echan los pétalos de las primeras flores por encima de su cabeza y las más ancianas, marcan las líneas de su virilidad con ocre rojo. Porque solo ellas, saben pronunciarse en tan importante ritual ancestral. Porque ellas aprendieron de sus madres y enseñan ahora a sus hijas y nietas a otorgar el poder de la madre tierra, y no sucumbir a los placeres, hasta superar la iniciación sagrada de los guerreros más jóvenes.

Un grito profundo se escucha desde lo alto de las montañas y todos los arqueros responden al unísono con semejantes gritos y saltos acompasados con el repiqueteo de sus arcos al chocar unos con otros. El joven iniciado está preparado y el chamán, ataviado con la Cabeza del Jabalí, le hace entrega de su primer arco y la flecha con la que deberá atravesar el lomo de su presa. Un ciervo.

Tras cruzar el altiplano y llegar a la otra orilla, los arqueros se afanan por parecer invisibles frente a los instintos animales de las que serán las primeras presas de la primavera. El joven, siente que su sangre golpea fuerte en el interior de su corazón. Comienza a sudar y el ocre amarillo comienza a formar una pasta arenisca que se derrite en chorretones por todo su cuerpo. De repente, entre las hierbas más altas, un gruñido abre paso a un enorme ciervo con una cornamenta de más de dos metros de altura y una presencia imponente. El resto de arqueros se prepara para apoyar a su compañero. El joven guerrero, siente una fuerte punzada en el estómago, mientras el temblor de sus manos es superado por una sorprendente calma. Sus ojos, abiertos como platos, miran de frente a la enorme bestia y todavía agazapado entre la maleza, entra en estado de trance. Y salta sobre su presa, arco en mano y haciendo volar la flecha, al lomo del animal, mientras un grito infernal, mezcla del miedo, la excitación y la adrenalina, hace sucumbir al animal, en sus intentos de zafarse del resto de las flechas que caen sobre él, como una lluvia de estrellas.

El joven guerrero, cae al suelo, agotado, mientras sus compañeros se encargan de atar al animal al borde de la muerte, con cuerdas y tendones.

Su mirada, fija en un punto, no puede llegar a asimilar todo lo sucedido, ni siquiera la forma en que la flecha atravesó al ciervo, justo en el pecho, a la altura del corazón. Pero allí estaba. Con las manos, todavía repletas de ocre amarillo, el joven guerrero se aproxima al cuerpo muerto del ciervo y estampa, como una pintura sobre la cueva, su mano sobre la piel dura y ensangrentada del animal. Tras ello, el chamán, arrancará una de las pezuñas al animal, y se la entregará al joven, como símbolo de comunicación y protección con el alma del animal y como prueba de haber vencido el miedo a la muerte."

Quesa sagrada: el lugar de los ritos mágicos

Por medio de ritos, el hombre religioso puede "pasar" sin
peligro de
la duración temporal ordinaria, al tiempo sagrado.

Mircea Eliade

Un rito es la acción por medio de la cual es posible llevar a cabo la iniciación. Este tipo de acción del pasado, casi siempre estaba relacionada con lo sagrado, lo profano o lo religioso.
Partiendo de las descripciones que el Grupo Atenea de estudios paleoantropológicos ofrece, trataré de describir y diferenciar las diferentes piezas y engranajes que forman el rito.

"Los ritos constituyen un sistema codificado específico que permite, a personas y a grupos, establecer una relación con una potencia oculta o un ser divino, o con sus sustitutos naturales y seculares." (Grupo Atenea).

Los ritos pueden describirse como cultos, fiestas o celebraciones, tanto paganas como religiosas, individuales o colectivas, casi siempre establecidas e inmutables, a lo largo del tiempo y espacio. Designan conductas específicas ligadas a reglas precisas, marcadas en la mayoría de los casos por la repetición. La ceremonia sería el medio de comunicación del rito. Y el culto las diferentes formas de practicarlo que indican devoción, seguimiento y admiración hacia el mismo. La fe, lo sagrado y el cuerpo son elementos indispensables del rito. Lo sagrado indica el recinto, el lugar reservado solo a los iniciados.
El rito es un conjunto de conductas corporales (posturas, gestos, danzas y/o vocalizaciones), sin las cuales la fe no podría expresarse. O sin utilizar el cuerpo, en algunos rituales, mediante miradas, lamentaciones, contactos o llamadas, como fuentes de energía, o como sexualidad (Grupo Atenea).

Si atendemos a las descripciones del rito, observamos que la danza se encuentra presente en este tipo de acciones, y que por lo tanto, nuestra tribu de los arqueros, se encuentra muy cerca de estar realizando un ritual en el abrigo del Voro. Lugar elegido especialmente para un acontecimiento específico, cargado de simbología del grupo, magia, misterio o codificación, que otorga al lugar, el acento de místico y/o esotérico por la carga ritualística que aparentemente pretenden sus pinturas, en esa danza de arqueros.

Pero para poder entender qué tipo de ritual podrían estar llevando a cabo y las razones de por qué fue el Abrigo del Voro, el lugar elegido, seguiremos nuevamente las definiciones y explicaciones del Grupo Atenea a cerca del rol y la clasificación de los ritos, atendiendo a diferentes parámetros de medición. Pero no sin antes remarcar la idea principal, que me lleva una y otra vez a construir un puente entre sus conciencias y las nuestras. La idea de que algunas de estas formas rituales, siguen presentes hasta nuestros días. Y por tanto abriendo un canal de comunicación entre el hombre prehistórico y el hombre actual. Una vía neuronal que aproxima al ser humano en el no-tiempo, o como algunos prehistoriadores han denominado: en el Tiempo Místico, fuera del tiempo normal rutinario del día a día. Tiempo y espacio que cobran una especial relevancia e importancia, porque se transforman en un bucle o espiral repetitiva, durante el transcurso de cada celebración ritual. Y donde parece que nada ha cambiado, porque se repiten las mismas acciones, una y otra vez, mientras las conciencias son controladas por algo invisible y desconocido que las hace recrear una realidad dentro de otra realidad, olvidándose, mientras dura el tiempo místico, de todo cuanto sucedía en el día a día. Solo importa, lo que acontece en ese no-tiempo y en ese nuevo espacio recreado a imagen y semejanza de la realidad que se desea plasmar a través del rito. Podría definirse como un estado de trance colectivo. Como una droga alucinógena que controla las acciones durante un periodo de tiempo establecido por la duración del tipo de rito.

Hoy en día, estos ritos siguen existiendo en las mentes colectivas, pero desgraciadamente han olvidado su significado ancestral y solo responden a una cosa: Mercado.

Para los que han sentido la llamada del chamán y las cuevas y los abrigos les han impregnado con la magia de todos los tiempos, los ritos actuales, sociales y antropológicos son litros y litros de chapapote o alquitrán en un inmenso mar de hermosas emociones. Pero rizando el rizo, me gustaría aventurarme en una idea más, antes de explicar brevemente las diferentes tipologías de ritos y sus características principales. Si como parece ser, los hombres de la prehistoria ya realizaban rituales, desde el principio de los tiempos, significa esto que ya, desde tiempos ancestrales, ¿existía una organización social y una conciencia de clase? Es más, que entre nuestros antepasados más remotos ¿ya existía la idea de que uno manda sobre otro? O por el contrario, ¿estaríamos hablando de pulsiones humanas, similares a los instintos animales, como los lobos o las abejas?

Preguntas sin duda, que abren debates interminables, acerca de nuestro origen y de nuestros comportamientos.

"Tanto para los grupos como para los individuos, vivir es desangrarse sin cesar y reconstituirse, cambiar de estado y de forma, morir y renacer. Es actuar y siempre detenerse, esperar y descansar para luego volver a empezar a actuar, pero de otro modo. Y siempre hay nuevos umbrales para franquear: umbrales del verano y del invierno, de la estación o del año, del mes o de la noche; umbral del nacimiento, de la adolescencia o de la edad madura, de la vejez, de la muerte; y umbral de la otra vida para los que creen en ella."

A Van Gennep

Breve definición de las funciones y la clasificación de los ritos

(Basadas en las descripciones del Grupo Atenea)

Con respecto a las funciones de los ritos, encontramos tres tipos:

1. Las que atienden al control del movimiento y de seguro contra la angustia.
Mediante ellas se expresan y liberan la inquietud humana ante el cuerpo y el mundo. Como danzar por la inminente muerte de un ser querido o cantar para guiar al alma del difunto.

2. Las que median con lo divino. Intermediarios entre la divinidad o fuerza poderosa y los demás individuos. Como el chamán, que se adentra en la oscuridad de la cueva o se arrincona en el abrigo rocoso para hablar con los espíritus del no-tiempo.

3. Las que sirven como instrumento de comunicación y de regulación. Tratando de que permanezca el sentimiento de conciencia colectiva, reafirmando creencias y sentimientos. La celebración de las puestas de sol, los solsticios, la llegada de la primavera, o las cacerías, los nacimientos, la siembra y recolección.

Clasificación de los ritos

Con respecto a la clasificación de los ritos, encontramos:
Los ritos mágico religiosos, como los de purificación o curación. Los ritos de pasaje o iniciación, como el nacimiento, hacerse adulto o la muerte y la resurrección. En estos rituales el iniciado emerge como un ser totalmente renovado.

La iniciación introduce al candidato en la comunidad humana, y a través de una preparación espiritual, aprende la concepción del mundo.

Se le relata la historia sagrada, y esta ha de ser trasmitida intacta, porque el hombre es lo que es porque, en los albores de los tiempos, le sucedieron ciertas cosas, narradas en los mitos. (Grupo Atenea)

Un mito muy importante y que trasciende los tiempos es el mito de la sangre menstrual desde tiempos prehistóricos. Mito que ha sido interpretado en algunas pinturas rupestres como posible significado de puntos y rallas, en determinados lugares especiales de cuevas y abrigos de todo el mundo.

La mujer, su relación con la luna. Su sacralidad y su poder, durante el ciclo menstrual, han sido temidos desde el inicio de los tiempos. Bien como muerte y resurrección. De niña a mujer. Bien como algo más poderoso que escapa al entendimiento actual.

Mitos y ritos iniciáticos a lo largo de los tiempos

"Los mitos son espejos mágicos en los que podemos contemplar el reflejo, no solo de nuestras ilusiones y nuestros temores más profundos, sino también de los pueblos primitivos que nos precedieron. (...) constituyen sin duda un testimonio imprescindible del imaginario colectivo"
Scott Littelton (Mitología)

Desde las primeras iniciaciones rituales de nuestros ancestros hasta nuestra época, son muchos los ritos que se han aventurado civilización tras civilización, para integrar a un selecto grupo de personas, en lo que conocemos como rituales iniciáticos.

Es por ello, que para entender los ritos egipcios, budistas o mayas, hasta nuestros días, seguramente, deberíamos de comprender antes la prehistoria, pues en ella está el todo y la nada de la gran aventura del hombre por el planeta Tierra.

Su simbología más allá de ser comprendida por el hombre de hoy, sigue siendo todo un enigma. Controvertidas explicaciones que a lo largo de los tiempos y en las páginas de este libro, algunos pueden observar meras especulaciones. Pero, en toda búsqueda, hay preguntas por responder, hipótesis tan válidas como otras y razones, más allá de nuestros conocimientos actuales, que nos sorprenderían desde el punto de vista antropológico. Porque no podemos llegar a entender toda la historia ritualística, desde el punto de vista actual.

Sus vidas, sus identidades y su cultura, beben de otras fuentes muy diferentes a las nuestras. Y los códigos de interpretación, están ausentes en la prehistoria y tan enrevesados en la civilización egipcia o el calendario maya, que erraremos una y otra vez, tratando de descifrar el mensaje que quieren comunicar más allá del tiempo.

De lo que sí podemos estar seguros, es que toda civilización del pasado, ha basado sus días en una serie de codificaciones significativas, que han dado sentido a sus vidas, origen y trascurso a la evolución y significado a sus obras y ritos, más allá de las interpretaciones que hoy queramos otorgarles, desde el entendimiento de nuestros cerebros.

Rito iniciático en la Cueva del Gato (Málaga)

"La iniciación constituye el fenómeno espiritual más

significativo de la historia de la humanidad"
Mircea Eliade

Esta tremenda oquedad natural abre sus fauces como la enorme boca de Gaia, mientras expulsa a través de sus rocas, enormes cantidades de agua limpia y trasparente, procedentes del río Guadiaro, y que convierten al paisaje, en un hito de especial belleza, respeto, asombro e incluso un profundo y silencioso miedo. Aproximarse a su entrada, es aguantar la respiración, mientras el palpitar del corazón se acelera y los sentidos más primitivos se activan, preparados para la huída. Su acceso más externo se encuentra protegido por el paso de las aguas a través de las rocas, hasta precipitarse al vacío por un incesante e imparable salto de agua, que deja al visitante completamente hipnotizado ante la magnitud de su tremenda fuerza y furia.

Colocarse ante la entrada de la Cueva del Gato es experimentar nuevamente la insignificancia del ser humano frente a la potencia, la grandeza y la sublime belleza de la naturaleza. Observarla, sentirla e interiorizarla es alterar nuestro estado de conciencia, centrando toda nuestra atención y energía en ella, para dejar atrás el miedo y afrontar la prueba del iniciado, penetrando entre sus profundas cavidades o sorteando los obstáculos de sus fuertes corrientes de agua.

Hoy la Cueva del Gato se encuentra cerrada a cualquier persona que quiera adentrarse en ella, salvo equipos muy especializados de espeleología, que tras la solicitud de un permiso, deseen atravesar sus cuatro kilómetros de galerías subterráneas, la gran mayoría repletas de lagos helados y que requieren de trajes especiales, mucho conocimiento, mucha valentía y nada de miedo. Por desgracia, adentrarse en la Cueva del Gato no es ninguna tontería, pues muchos son los que ya han perdido la vida, bien por desorientación, ataques de pánico, o pérdida, con la consiguiente hipotermia, producida por sus heladas aguas. Resulta relevante recalcar, llegados a este punto del libro, que el tema de las cuevas, al igual que otros muchos lugares a donde el hombre quiere acceder, no están exentos de peligros y hay que actuar con el máximo respeto hacia el medio y precaución hacia nosotros y hacia los que nos acompañan. Por nuestra seguridad y la de los nuestros, muchas de las oquedades que existen en España, se encuentran cerradas o parcialmente abiertas, y siempre con visitas concertadas en compañía de un guía. Para protegerlas y para protegernos.

Pero ellos, nuestros antepasados, las recorrieron todas. Pintaron en sus paredes, habitaron sus galerías, danzaron, durmieron y procrearon en su interior. Realizaron sus ritos y plasmaron su magia. Los primeros espeleólogos de la humanidad. Los primeros guías para los más pequeños. Los primeros iniciados. Las primeras pruebas de valentía. Ellos sí entraron en la Cueva del Gato, y superando el miedo, dejaron su impronta en las paredes de la entrada. Y nada más sabemos. Si profundizaron o salieron. Si atravesaron los lagos subterráneos, o perecieron en el intento. Nada. Solamente que estuvieron allí.

Fotografía de la autora: Cueva del Gato

RELATO VIII:

LA GRAN PRUEBA

Todavía era de noche cuando el frío les atravesó los huesos como un puñal. Completamente desnudos, los tres jóvenes, con vendas en los ojos, fueron obligados a levantarse y salir de la cueva para enfrentarse a la prueba más difícil. Aquella en la que deberían de superar el miedo y demostrar la valentía suficiente para afrontar los avatares futuros que les depararía la vida.

Tras dos días en ayunas, fueron conducidos por terrenos pedregosos, areniscas y matorrales en la más absoluta oscuridad. Como si otra tribu enemiga les hubiese capturado, fueron obligados a arrodillarse, llorar y sentir miedo. Miedo a la muerte inminente sin mayor protección que su fuerza interior.

Tras recibir algunos golpes y con sus cuerpos repletos de heridas, junto al frío y el hambre, fueron empujándoles, a través de un estrecho pasillo de roca resbaladiza, hasta lo alto de una cueva. Abajo se encontraba una enorme cascada, que les hizo sentir el miedo en su estado más puro.

Sintieron como unos dedos fríos y una respiración acelerada les rozaba la espalda y en aquel momento fueron presos del pánico, pero de nada sirvieron sus alaridos, gritos y lágrimas. Aquella mano, tras rasgar las cuerdas de sus muñecas, les lanzó rápidamente al vacío. Sus gritos se escucharon desde el otro lado del campamento en el que se encontraba el resto del clan, mientras sus cuerpos caían como piedras al agua. En el mismo instante en el que se quitaron la venda de los ojos, sus cuerpos sintieron el fuerte golpe contra las frías aguas de la cascada y notaron como se hundían. Pero tras cinco segundos de angustia, tres cabezas sobresalían como patos en un estanque y eran conducidos río abajo hasta que casi sin fuerzas consiguieron remar hasta la orilla. Los tres se miraron y con la fuerza inyectada en cada una de sus células, saltaron, gritaron y se arrodillaron, llorando de alegría, pues aquella noche, habían vencido a la muerte en la Cueva del Gato.

Pintura digital: Giuseppe [...]
"La gran prueba"

CAPÍTULO 14

Cueva de la Pileta, la niña mimada

*"El santuario es para el hombre primitivo el centro del mundo.
(...) el santuario resume, la génesis del mundo."*

Olivier Beigbeder
(La Simbología)

Tras la cálida acogida y la sensación de fraternidad que sentí ayer mientras visitaba la cueva de la Pileta, en Benaoján (Málaga), no puedo más que sentarme frente a la pantalla de mi ordenador, y regalar unas líneas a esta hermosa cavidad, que ayer me permitió acceder a su interior y disfrutar de su amplitud, familiaridad, historia y belleza, en una soleada mañana de domingo.

Cuando me propuse continuar con mis investigaciones y observaciones in situ de algunas cuevas, esta vez en el sur de la península ibérica, jamás hubiese imaginado que a tan pocos kilómetros de mi actual lugar de residencia, podría encontrar una de las cavidades que bien podría bautizarse como el libro de piedra de la prehistoria.

Como en tantas ocasiones, el descubrimiento de Pileta, también fue casual. Sería Don José Bullón Lobato, nacido en Alpandeire (Málaga) en el año 1879, quien tras observar como bandadas de murciélagos salían de una oquedad de la sima de "Las Grajas" por las noches, decidiera descolgarse por el agujero de unos treinta metros, en busca de murcielaguina para el abono de los campos. Tras la primera impresión, observó lo que serían restos óseos, cerámicas y las primeras pinturas rupestres esquemáticas, que él denominó letreros. Sin duda, llegó a la conclusión de que aquel lugar había estado habitado o usado como refugio por mucha gente.

Aquel lugar le cautivó para el resto de su vida. (CUEVA DE LA PILETA, JOSE BULLÓN JIMÉNEZ. La Serranía Ronda. 2010. Ronda, Málaga), y desde aquel día trasmitió de generación en generación su amor, respeto y cuidado por la que sería la cueva de su vida.

Hoy son sus descendientes, bisnietos, los que se siguen ocupando del cuidado, conservación y preservación de la cueva, al tiempo que son los encargados de mostrarla a todas aquellas personas que se acercan a visitarla. Lo más maravilloso es que el extremo cuidado de esta familia, ha conseguido que tras su descubrimiento y posterior adecuación para las visitas, la cueva permanezca en perfecto estado de conservación, pasados más de cien años desde su descubrimiento en 1905. El empeño constante de la familia porque las hermosas cavidades, la increíble y numerosa colección de pinturas, y el excelente clima reinante en su interior, no fuese malogrado por continuas visitas descontroladas, hacen de la Cueva de la Pileta, la Niña Mimada, para todos aquellos que trabajan por y para su conservación.

La visita a la cueva

Siguiendo los pasos del guía Aurelio Gómez nos adentramos linterna en mano, hacia el interior de la cavidad.

La primera impresión al llegar a una enorme sala de piedra, manchada con el humo de las antiguas hogueras, fue de familiaridad. Una tranquilidad especial me acogió y durante el resto del trayecto, me sentí como en casa.

Pileta, como cueva es una de las más preciosas cavidades que he visitado, tanto por sus caprichosas formaciones, como por su longitud, altitud, huecos y pequeñas estancias y además por sus pequeños estanques subterráneos, en los que podemos observar como el agua transparente refleja nuestros rostros y nos hace partícipes del encuentro.

Sus paredes, húmedas en su mayoría, sobre todo en épocas de lluvia, su tierra mojada en algunos tramos y su silenciosa tranquilidad, hacen de Pileta, un lugar que invita a la reflexión, pero sobre todo a permanecer en su interior, como si el tiempo no tuviese importancia, como si las horas se detuvieran y pudiésemos permanecer allí, observando o con los ojos cerrados, durante mucho tiempo.

Seguramente, todos nuestros antepasados consiguieron crear ese fantástico clima de familiaridad, cobijo y convivencia desde el paleolítico superior hasta la edad de bronce. Pero si hay algo excepcional, que llega al alma del visitante, son sus pinturas rupestres. Miles de trazos se distribuyen por infinidad de estancias y recovecos, superponiéndose unos sobre otros, escondidas en los lugares de más difícil acceso e incluso en el interior de túneles conocidos como santuarios. Desde el caballo paleolítico, hasta el trazo esquemático, pasando por la famosa yegua preñada o la cabra ibérica, todas y cada una de las pinturas que conforman la Cueva de la Pileta, cuentan una parte de la historia de la humanidad.

Nuestros comienzos, nuestras primeras representaciones simbólicas, nuestros primeros grupos e incluso quizás nuestras primeras formas de comunicación mediante trazos y dibujos.

Pileta se presenta frente a nuestros ojos como el gran libro de la prehistoria que no conocemos. Del que no queda piedra roseta con la que averiguar su significado, pero que tras la observación, el silencio, el respeto y la reflexión interior, el caminante cautivado por su belleza, puede interpretar y quizás descifrar algunos de aquellos trazos, en armonía con la conciencia global humana, mediante el poder de la mente, cada vez más en boca de especialistas y científicos que estudian el funcionamiento del cerebro.

Los sorprendentes hallazgos que se están demostrando a cerca del funcionamiento de nuestro órgano más complejo, junto con el legado de nuestros antepasados más remotos de los que tenemos conocimiento, podrían dar lugar a nuevos avances por la conquista del pasado.

Quizás, dentro de muchos años, o quizás mucho antes de lo que imaginemos, los cerebros de muchas personas, comiencen a descifrar mediante métodos hoy desconocidos, el significado de uno de los misterios más importantes de la prehistoria: el significado de las pinturas rupestres y todo el organigrama social-sagrado-ritual y/o cultural que de ellas se desprende.

Pileta no es tan solo una cueva para visitar, sino uno de los santuarios prehistóricos más importantes de toda la península ibérica. Pileta te deja sin palabras ante la sublime belleza y excelente conservación que esconde tras su pequeña entrada. Hogar de muchos, refugio de todos, cueva meretriz de expertos o aficionados.

Le puedo asegurar querido lector, que tras su primera visita a Pileta, ya nunca más tendrá suficiente, pues deseará una y otra vez, refugiarse entre sus paredes y escuchar los ecos remotos de los que un día fueron sus habitantes, en el silencio y la oscuridad.

Pileta es enigmática y sencilla al mismo tiempo.

"Apenas recorridos veinte metros, supe que ellos vivieron allí. Algo, más fuerte que las presencias materiales habla desde el silencio, impregnado en las paredes de roca caliza. Son sus vidas. Son sus recuerdos. Es en esencia, quizás, la primera humanidad."

Ilustración: Giuseppe Berardi: "La Pileta"

CAPÍTULO 15

Conclusiones a ¿por qué danzan los arqueros?

La fuerza de los sentidos espirituales, no cognoscibles y no reconocidos científicamente, vaga incansable en el mundo de las sombras, en la oscuridad de la noche, en lo desconocido. Y entre palpitaciones incesantes, visiones crepusculares, sonidos crepitantes y vagas respiraciones a modo de susurros casi imperceptibles por el oído humano, aparecen los cuatro arqueros, pintados sobre la piedra, coloreados con rojo sangre, (la simbología del rojo podría interpretarse como sinónimo de vida, como la sangre que fluye entre los vivos, por ello si las pinturas son un grito a la vida y a la libertad, un cántico a la fuerza de la vida y una conexión con el espíritu vivo, el ocre rojo poseería una gran simbología entre nuestros antepasados). Sus formas se alargan y agrandan como sombras que danzan.

La visión cegada por la oscuridad de la noche, responde a la llamada de las figuras y las transforma, en seres vivientes, en personajes de una historia atemporal, viva imagen de sus mismos creadores. Sus mentes duermen. Sus espíritus están cerca. Los primeros sonidos les inyectan la adrenalina, la visión da paso a la ejecución. La conexión con el ser interior comienza. La fuerza sobrenatural de los elementos aumenta. Se percibe. Se hace patente. Se absorbe y una espiral de energía envuelve el abrigo. Los primeros conectados comienzan a danzar. Sus cuerpos son trasportados por la omnipotencia del espíritu y las pinturas recobran el sentido de su ejecución:

"CONECTAR AL SER HUMANO CON LA ESENCIA DE LA EXISTENCIA: ALCANZAR LA LIBERTAD"

Con movimientos sueltos y la fuerza del lugar, nuestra tribu de los arqueros nos dejan, en el lugar que ha de perdurar hasta la eternidad, la fórmula secreta de la comunicación con el espíritu que todos llevamos dentro. Alquimia corporal ritualizada basándose en movimientos, sonidos, olores y sabores.

Luces y sombras que trasforman la visión y un lugar apartado del mundo, un lugar en el mundo donde el hombre moderno no ha puesto su mano. Paraje de los Charcos de Quesa, Abrigo del Voro, lugar de renacimiento, búsqueda, culto a lo sagrado y conexión con lo más profundo del ser humano: el eterno sueño, el arcón de piedra del conocimiento, la llave maestra del espíritu.

¿Por qué danzan los arqueros?

Para desconectar de la razón, para conectar con la verdadera libertad espiritual.
Danzar transforma, hace trascender al hombre común mortal en un ser inmortal.
El miedo más grande y verdadero del hombre durante toda la historia de la humanidad y que pervive hasta nuestros días, ha sido el miedo a la muerte. La gran desconocida, la más temida, la última experiencia que todo ser humano vivirá y de la que nadie podrá escapar. Es la obsesión más grande del hombre y ellos también la tenían.

A través de la historia conocemos los más célebres ejemplos de personajes y de rituales iniciáticos para superar el miedo a la muerte o para prepararse llegado el momento.

Ellos, nuestros arqueros también se prepararon. Mediante danzas, cantos y diferentes rituales, preparaban a sus cerebros inyectándoles grandes dosis de adrenalina y dopamina imitando el momento de máxima excitación de una cacería, mediante sus danzas y movimientos. De este modo, sus cerebros y sus corazones estaban listos, llegado el momento. Se tornaban valientes y desposeídos de cualquier sentimiento de miedo o desconfianza a ser heridos o incluso a perder la vida al enfrentarse a los animales que cazaban o a otros depredadores que como ellos sobrevivían de la caza.

Las danzas, acompañadas de sonidos de tambores, zumbadoras o flautas, no hacían sino aumentar esta excitación, que preparaba las mentes de nuestros antepasados en su lucha por la supervivencia.

Hoy podríamos entenderlo como una forma de entrenar a nuestros cerebros para las situaciones de estrés, nervios, miedo y fuerte excitación.

Ellos sabían cómo enfrentar estos sentimientos y cómo vencer los impedimentos de la mente, que se interpone entre nuestro cuerpo y nuestro espíritu y nos hace vacilar a la hora de realizar determinadas actividades que nos pueden resultar peligrosas para nuestra vida.

Ellos, como otras civilizaciones que vinieron después, supieron hacerle frente, a través de la preparación de sus cuerpos y sus cerebros.

Pero aquel ritual, no podía realizarse en cualquier lugar. Ellos, nuestra tribu de arqueros, nuestros antepasados, los que hablaban con las piedras, con las estrellas, con los árboles y con los ríos, conocían la magia que se esconde en determinados lugares, completamente rodeados de una energía especial, que les proporcionaba en algunos casos cobijo, en otros alimento, y en el caso del abrigo del Voro, un lugar excepcionalmente perfecto, para celebrar sus rituales y danzas. Con una sonoridad especial y un eco que retorna sus voces y cánticos. Los espíritus les hablaban y les preparaban para los momentos más intensos y difíciles de su existencia.

Allí, un día, hace aproximadamente 8000 años, nuestros arqueros danzaron. Y una mano trazó con ocre rojo y toque de pincel, las pinturas, que hoy querido lector, han dado lugar a este libro.

Allí han permanecido durante 8000 años. Allí las encontramos hoy. Igual que en muchísimos otros lugares.

Deseamos y esperamos que nuestros descendientes, dentro de muchos años, puedan seguir disfrutando, imaginando o recreando como fue la vida en la prehistoria a través de las pinturas rupestres. Pues fue gracias a nuestros antepasados prehistóricos, a sus danzas propiciatorias, a sus rituales, a sus formas de vida y a sus conexiones con lo más espiritual del ser humano que hoy querido lector, la humanidad sigue sobre el planeta Tierra. Ellos fueron el principio, el alfa de la humanidad. Esperemos que nosotros no seamos su final.

Imagen de la autora: Danza de Arqueros,

Abrigo del Voro (Quesa)

Otros lugares que podrían considerarse como lugares de poder de la Prehistoria

ALTAMIRA (CANTABRIA)

La fuerza del bisonte, la cueva del iniciado, el tránsito a la muerte.

Con motivo de mi primera visita a Santillana del Mar, no pude dejar pasar la oportunidad de resaltar una de las cuevas con más importancia en nuestro país. La Cueva de Altamira. Y sobre todas las cosas, su techo de bisontes.

Ver cómo se mueven e incluso respiran a la luz del candil, como lo hiciese María o Sautuola en su descubrimiento, y ver como la luz los transforma en animales mágicos, en animales inmortales sobre la piedra, es un sueño que en su momento estuvo al alcance de muchos, pero que hoy no sería posible, por su conservación y protección.

Aun así solo pude comprobar a través de la réplica del Museo que las pinturas de Altamira son pinturas únicas.

Las manos de un artista que inmortalizó su forma de ver el mundo a través de estos maravillosos bisontes vivos.

Aunque su visita hoy es por sorteo cada viernes y tan solo para cinco afortunados, debido a medidas para su conservación, la construcción de la neo cueva, permite al visitante poder disfrutar de las mismas representaciones que se encuentran en la cueva, con una iluminación leve y el silencio. Aunque nunca será lo mismo, la alternativa llevada a cabo por el Museo de Altamira, nos ayuda a disfrutar, al menos de este modo, del maravilloso legado que nos dejaron estos artistas del Paleolítico.
Por otra parte, el visitante podrá disfrutar de los alrededores de la misma, con unas hermosas vistas y en un entorno verde y solitario. Apenas rodeado de algunas casas en el camino de ascenso a la cueva, y con el pueblo de Santillana del Mar a sus pies, gozando de una situación privilegiada con respecto a este tesoro de la humanidad.

SAN BARTOLOMÉ DE UCERO (SORIA)

Muchas veces había pensado si existiría un lugar donde la magia de la prehistoria y el enigma de los templarios podrían unirse. Sin duda alguna, este año 2014 he tenido la oportunidad de descubrir este enclave privilegiado del territorio español, donde el arte rupestre mira de frente, desde el interior de una oquedad natural hacia la luz de las energías telúricas, los símbolos esotéricos medievales y la iglesia templaria de San Bartolomé de Úcero.

El cañón de río Lobos, con sus más de 200 cuevas y simas, y con el citado templo medieval en el centro del mismo, es considerado por muchos estudiosos como un lugar de poder por excelencia. Caminar entre sus bosques, visitar algunas de sus cuevas, buscar sus pinturas rupestres y disfrutar de la frescura de sus aguas y de la inmensidad de sus paredes rocosas, se convierte en una magnífica visita para redescubrir y seguir imaginando la prehistoria, pues, algunos de nuestros ancestros, quizás conocidos de nuestros arqueros, también estuvieron allí. Nuevamente eligieron un enclave sin igual para vivir, donde las energías se palpan en el ambiente, mientras uno se descubre a sí mismo en una lluviosa mañana de abril, sorteando charcos, trepando o sencillamente sumergiéndose en el espectacular paisaje que le rodea, donde el resto del mundo desaparece. Y donde la comunicación con los elementos de la naturaleza se siente desde el primer momento en el que el visitante se sumerge en el interior del cañón.

LA VISITA AL CAÑÓN DE RIO LOBOS

La llegada, bastante lluviosa desde el amanecer, nos dio una pequeña tregua. Ataviados con un par de chubasqueros que llevábamos en el maletero del coche, nos adentramos en el cañón de río lobos después de haber aparcado el vehículo a pocos metros de la entrada.

Junto al río, nos apresuramos para admirar desde las proximidades el maravilloso enclave. Al fondo y tras atravesar un pequeño puente, se vislumbraba la iglesia de San

Bartolomé, y tras ella, la enorme oquedad que aventuraba una cueva de grandes dimensiones, donde nuestros ancestros, 5000 a.C. habrían elegido como lugar para plasmar sus pinturas. Y donde otros de nuestros antepasados, habrían decidido construir su templo de iniciación templario, en la época medieval.

El mismo lugar. El mismo entorno. 7000 años de diferencia y nosotros. Pisando el mismo suelo, respirando el mismo aire, sintiendo la misma energía, que un día ellos sintieron. La lluvia, permitió que visitáramos el lugar en soledad y en el silencio de un atardecer de primavera, solo a veces inundado por el sonido de los buitres leonados, reyes y señores del paraje y nos sentimos inmersos en la prehistoria y en la historia y en los recuerdos y aventuras que seguramente tuvieron lugar. La imaginación se libera en estos lugares y aunque el fantasma del caballero templario, nunca apareció, nos encantó imaginar que al menos, sus restos descansan en algún lugar escondido del Cañón de Río Lobos.

Al fondo y cruzando un segundo puente sobre un riachuelo repleto de nenúfares y debajo de altas montañas de piedra caliza, se encuentra la Cueva Grande.

Majestuosa y señorial, la cueva invita al visitante a permanecer en su interior, admirando a través de su enorme abertura, como la luz del atardecer ilumina la iglesia de San Bartolomé, como si de un cuadro se tratase, la imagen atrapa al espectador que sucumbe a la belleza del lugar y se queda inmerso en su magia durante algún tiempo.

Todavía en el interior, linterna en mano y tratando de localizar las pinturas esquemáticas, la naturaleza dejó de lado su tregua temporal y nos obsequió con uno de los fenómenos más impresionantes que se pueden experimentar en el interior de una cueva: Una tormenta.

De repente y estando en la parte más alta y más oscura de la cueva, un estruendo hizo temblar las paredes y a nosotros con ellas. Una espesa cortina de lluvia cubrió por completo la entrada y sentimos por primera vez, el cobijo en el útero de la madre tierra.

Sentados en el suelo de la cueva, cerramos los ojos y sentimos cada trueno como si la tormenta estuviese en el interior de nuestros propios cuerpos y comprendimos una de las razones de la elección del lugar. La protección y la buena visibilidad en la prehistoria eran fundamentales para la supervivencia de nuestros ancestros.

Una nueva iniciación, en un lugar iniciático por sí solo.

CUEVA DE CONQUEZUELAS (SORIA)

El viaje a la mágica Soria, estaba a punto de llegar a su fin, pero en el último momento perseguir lugares prehistóricos cargados de magia y poder, se había convertido en una de mis aventuras preferidas. Y al enterarnos de la existencia de un lugar remoto, apartado de las urbes y próximo a Medinaceli, decidimos que éste sería el punto final de nuestra rápida escapada por tierras sorianas.

La cueva de Conquezuelas, se encontraba escondida tras otra iglesia en un enclave casi jurásico. En medio de la nada, y entre montes escarpados y vegetación, una abertura húmeda nos sorprendía repleta de grabados esquemáticos. Alta pero estrecha, sin apenas opción de habitabilidad en su interior, el lugar no habría sido elegido por nuestros ancestros por sus condiciones de refugio, sino por algo más. Sus abundantes grabados y señales, anunciaban la posible existencia de rituales en aquel hermoso lugar, perdido de la civilización y donde el visitante se siente abrumado por la soledad y el silencio. Nuevamente, las energías del agua estaban cerca, como mostraba una fuente en los alrededores, seguramente manantial en el pasado. Pero lo más característico eran aquellos abundantes puntos en forma de grabado que aparecían en ambas paredes de la cueva. Tratar de adivinar su significado, resulta como siempre imposible para nuestras mentes, pero sin duda, observarlos con detenimiento hacen sentir al visitante la proximidad de aquellos ancestros que un día, hace 5000 años, dejaron su impronta en aquel mágico y enigmático lugar, rodeado de abrigos de piedra y donde sin lugar a dudas, se celebró más de una ceremonia, donde el chamán o brujo sería el protagonista.

ABRIGOS DE LA VALLTORTA (CASTELLÓN)

Situados en pleno corazón de la zona del Alto Maestrazgo, las cuevas de la Valltorta son uno de los núcleos de pinturas rupestres en abrigos más importantes del mundo y que por tanto no podíamos dejar de visitar. Enclavadas en el barranco de la Valltorta y alejadas de las urbes, los abrigos reciben al visitante desde las alturas. Con plataformas de hierro preparadas para una visita más segura y siempre acompañados por un guía, el amante de la prehistoria puede gozar de auténticos conjuntos de pinturas donde la vida en la prehistoria de los vecinos de nuestros arqueros, queda plasmada en cada una de las representaciones. Por sus numerosas representaciones, se advierte que la Valltorta tuvo que ser un lugar de enorme afluencia de clanes, o de grupos muy numerosos. Todo el paraje, rodeado de vegetación, silencio, animales y grandes alturas de vértigo, trasmite paz y quietud, donde todavía es apreciable e imaginable, como también ocurre en los Charcos de Quesa, la vida en la prehistoria.
Aunque la vegetación ha cambiado, sus montañas de roca caliza y sus escondites, siempre en las alturas y próximos a los ríos, nos demuestran una vez más, la importancia de la visibilidad y la protección para la supervivencia de nuestros ancestros.

Además de aventurarnos a hipotetizar a cerca de los rituales y fiestas que seguramente se llevaron a cabo en los abrigos pintados y en sus proximidades. Valltorta sería sin lugar a dudas, otro lugar sagrado de los que todavía quedan exentos de la mano del hombre moderno, y donde el ser humano respira vida, respira naturaleza, siente la energía de la madre tierra y disfruta del silencio y la soledad, además de vislumbrar animales en plena libertad, como las cabras hispánicas que se cruzaron en mi camino, tras la visita a uno de los abrigos.

En esos momentos, el ser humano descubre, cómo, las grandes ciudades, la tecnología y los imperantes avances, nos han alejado de la absoluta naturaleza, y de cómo podemos llegar a sorprendernos e incluso sentir miedo al aproximarnos a ciertos entornos en los que todavía habitan los animales en plena libertad y equilibrio con la madre naturaleza.

CUEVA DE SANTIMAMIÑE (BIZKAIA)

Por último, me gustaría destacar la importancia del enclave de la cueva de Santimamiñe en Bizkaia, por su belleza, próxima a la costa, rodeada de bosques de eucaliptos, robles y pinos, y con una de las pinturas rupestres más antiguas según las dataciones del Carbono 14.

Cerrada al público y pudiendo ser observada tan solo en su entrada por motivos de conservación y seguridad, Santimamiñe permanece serena, con sus verjas verdes y carácter Vasco.

Un enorme árbol protege su entrada, y aunque no es posible la visita, el entorno es maravilloso por sí solo.

Nuevamente el silencio, la flora y la fauna, ambientan el lugar elegido por nuestros ancestros para vivir y plasmar sobre lienzos de piedra su cosmogonía viviente.
Santimamiñe, próxima al bosque de Oma, es sin lugar a dudas un placer para los sentidos y un lugar de descanso mental para aquellos que busquen un lugar donde refugiarse y conversar con la naturaleza más verde y húmeda.

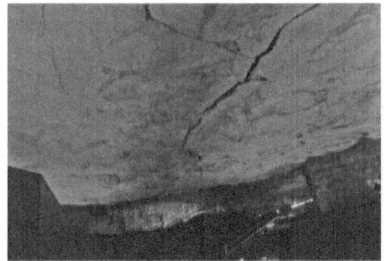

Neocueva, Altamira (Cantabria)

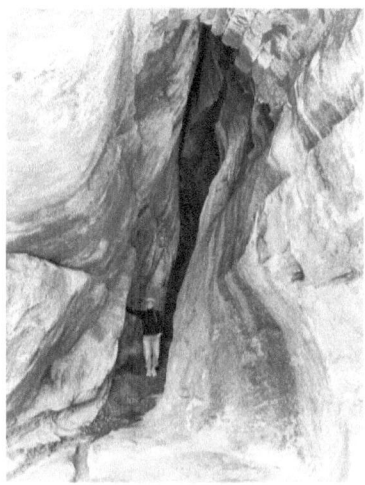

Cueva Conquezuelas (Soria)

Cueva Santimamiñe (Bizkaia)

Cueva Grande, Cañón río Lobos (Soria)

Entorno Cueva Conquezuelas (Soria)

Fotografías de la Autora

221

Pasión por la prehistoria

Representaciones pictóricas de algunas pinturas rupestres del mundo

Del por qué de mis pinturas, del por qué de sus pinturas

En mis pinturas busco el alma del guerrero, la esencia del artista, el corazón del ser humano y la emoción de un corazón.

En mis pinturas se esconde la música, en cada una de las notas que la componen para hacer una hermosa melodía. Melodías, alma y pintura. Cada trazo, limado con esmero, esparcido en cada uno de los lados de estos rectángulos en blanco, hasta convertirse en un deseo fugaz de simbiosis con el recuerdo de las manos, que un día trazaron las mismas líneas, hasta formar auténticas obras de arte sobre lienzos de piedra.

Mis pinturas son la búsqueda de sus sueños, el reencuentro con su imaginación recién descubierta.

Imágenes perfectas que responden a un lenguaje quizás, a un mundo mágico religioso seguro.

Mis dedos, hundidos en el polvo pigmentado dibujan su melodía. Sus pasos. Su historia. Y ahí, en ese momento casi trascendente, la figura toma forma, y en el relieve de las líneas habla.

Sus manos, un día manchadas con el mismo pigmento, trazaron las mismas líneas, con alma quizás de un guerrero, con la magia de un chamán o con el corazón de una mujer.

Quizás y solo quizás, las mismas líneas, responden a una melodía, que vibra junto a los dedos pigmentados y se expande, y crea la obra y dibuja los sentidos y se guarda en la memoria, tras el paso del tiempo como una emoción, como un sentimiento ajeno al paso del tiempo. Porque existe en el no-tiempo, en el no espacio, en el corazón del primer artista pero también en la imaginación de todos los que le seguimos. De todos los que heredamos de él, un espíritu cautivo que abraza el nuevo día, que duerme en la esperanza y que despierta en la ilusión. Que escribe con la música de la fantasía y sonríe con los dedos sobre el carbón.

Mis pinturas, apenas un vano reflejo de su simbología y su maestría buscan contactar, anidar en los sueños y reencontrarse con el alma mater de la creación, de la trasformación, del cambio incomprendido para ser lo que hoy somos.
Y en ocasiones, las lágrimas, han brotado de mis ojos, al observar tanta belleza. Lo sublime de la prehistoria, es más de lo que conocemos o llegaremos a entender. Lo sublime de la prehistoria no es el hombre, ni su cambio, sino su obra, legada, conservada, imaginada y soñada.

Porque sin el poder de la imaginación, sin estados alterados de conciencia y sin los sueños, hoy, señores lectores, no podrían admirar la belleza de las pinturas de nuestros ancestros en los lienzos de piedra de cuevas y abrigos.

Porque el legado genético más importante de nuestros ancestros, fue sin duda el poder de la mente, de la imaginación y la capacidad de soñar y crear. Porque todos tenemos la capacidad de hacerlo, y porque el mundo no sería hoy lo que es si, en nosotros no existiera el poder del que ellos ya hicieron uso, representando el mundo desde los sueños y desde sus mentes transformadoras.

Bisontes de Altamira, técnicas mixtas, obras de la autora

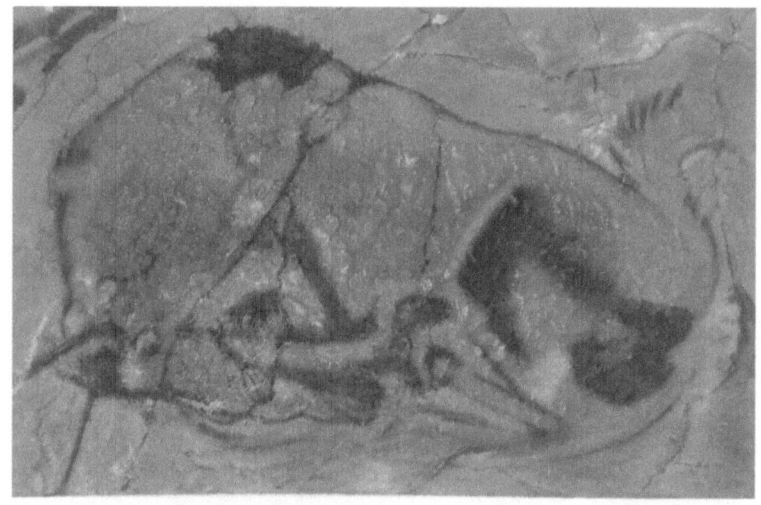

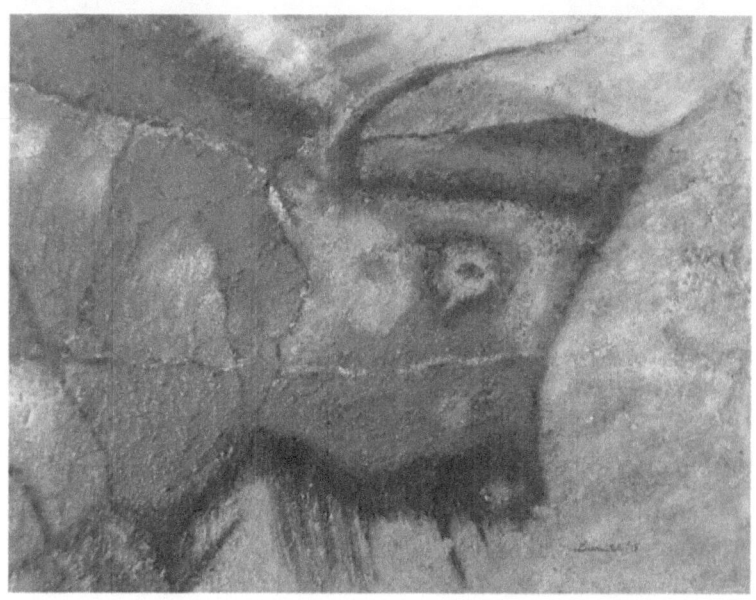

Ciervo de la cueva de las Chimeneas, (Cantabria),
Técnicas Mixtas. Obra de la autora

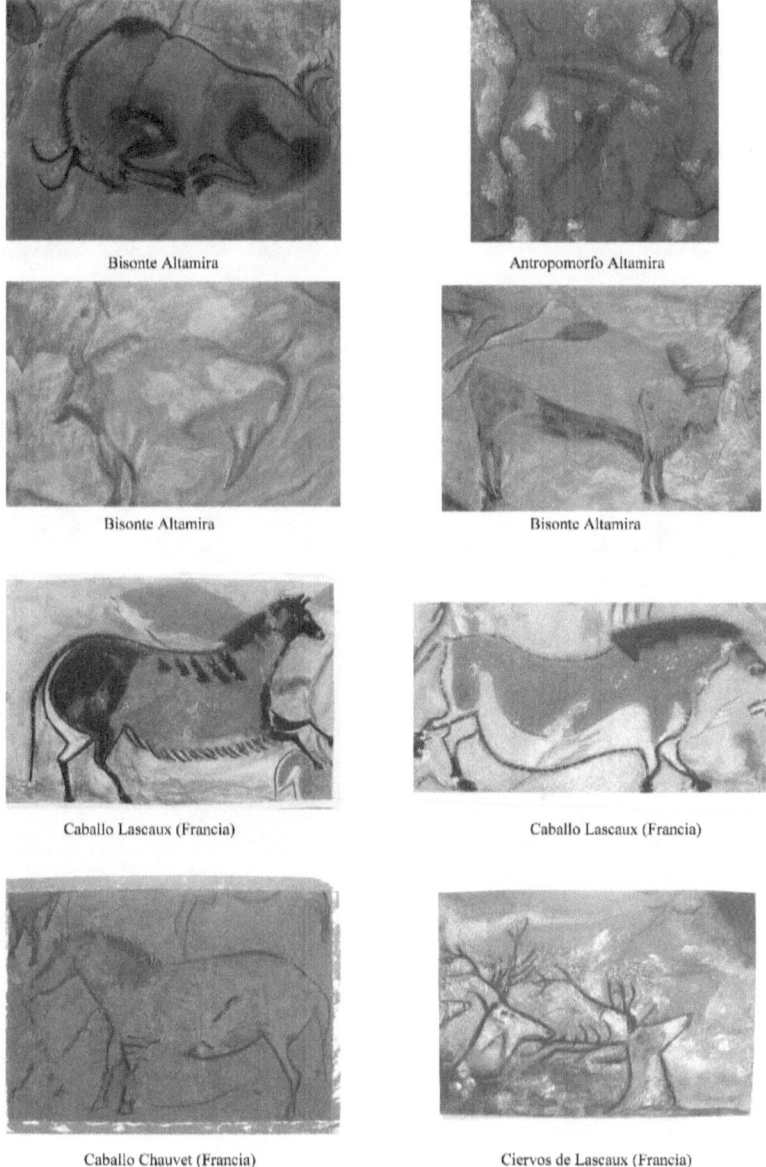

Bisonte Altamira

Antropomorfo Altamira

Bisonte Altamira

Bisonte Altamira

Caballo Lascaux (Francia)

Caballo Lascaux (Francia)

Caballo Chauvet (Francia)

Ciervos de Lascaux (Francia)

Dibujos sobre papel: La autora

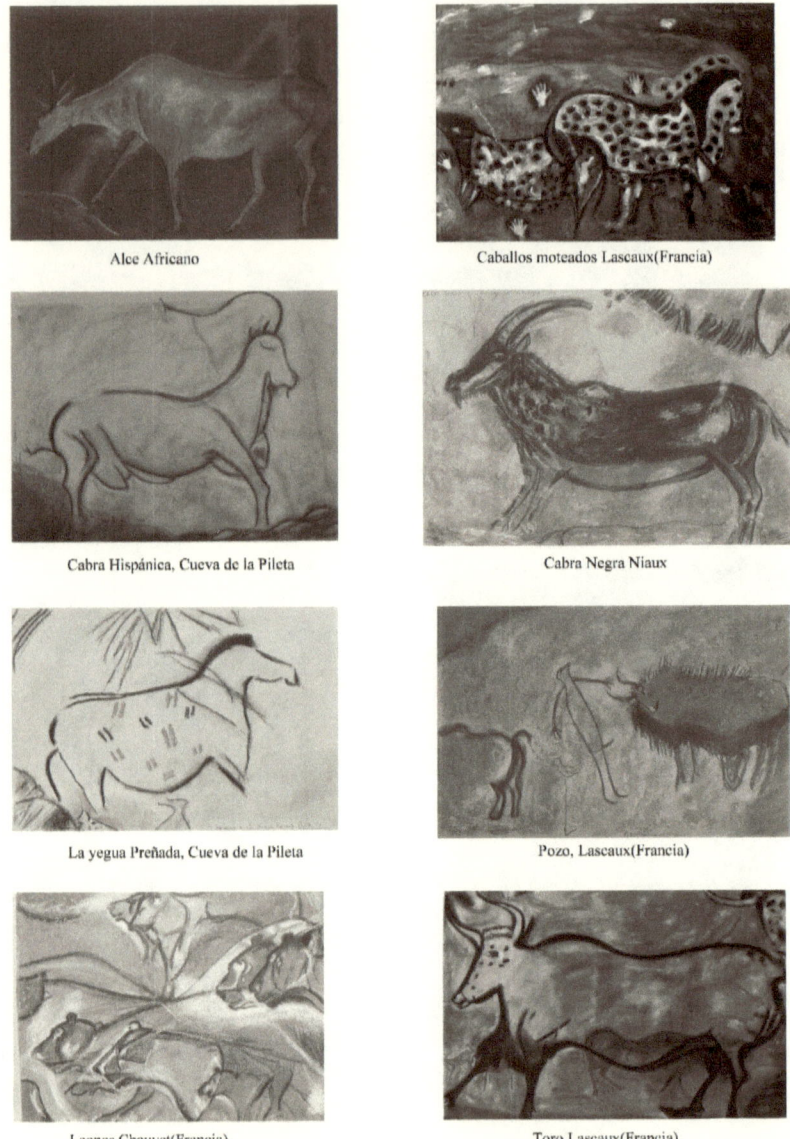

Alce Africano

Caballos moteados Lascaux(Francia)

Cabra Hispánica, Cueva de la Pileta

Cabra Negra Niaux

La yegua Preñada, Cueva de la Pileta

Pozo, Lascaux(Francia)

Leones Chauvet(Francia)

Toro Lascaux(Francia)

Dibujos sobre papel: La autora

BIBLIOGRAFÍA

- A. LAMING-EMPERAIRE. La arqueología prehistórica. Ediciones Martínez-Roca S.A. 1984. Barcelona.
- ANDRE LEROI-GOURHAN. Arte y grafismo en la Europa prehistórica. Istmo. 1984. Madrid.
- ANDRE LEROY-GOURMAN. La Prehistoria. Ed. Labor. 1994. Barcelona.
- ANDRE LEROY-GOURMAN. Las religiones del paleolítico. Laertes. Barcelona. 1994.
- CARLOS ALONSO DEL REAL Y RAMOS. Sociología Pre y Protohistórica. Instituto De estudios políticos. 1961. Madrid.
- CARLOS CASTANEDA. El conocimiento silencioso. Edición Swan, colección El compás de oro.1988. Madrid.
- CARLOS CASTANEDA. El segundo anillo de poder. El compás de oro. Swan.1986. Madrid.
- DANIEL RUBIO. Corrientes telúricas. GEA Nº 49. 2005.
- DANIEL RUBIO. Lugares sagrados. Informe arquitectura sagrada. GEA 29. 1999/2000.
- DAVID LEWIS-WILLIAMS. Dentro de la mente neolítica. Akal.2010.Madrid.
- DAVID LEWIS-WILLIAMS. La mente en la caverna. Akal.2005.Madrid.
- EDUARDO RIPIO PERELLÓ. El debate sobre la cronología del arte levantino. Quad.Preh.Arq.Cast.22, 2001.
- FEDERICO GARCIA CABO, RAMÓN VAQUER NAVARRO. Volcanismo jurásico del sector valenciano de la cordillera ibérica. ACTA GEOLÓGICA HISPANICA, T XV (1980), Nº5, PAGS 127-130.

- FERNANDO SCHWARZ. La iniciación en el antiguo Egipto. Revista Esfinge nº3. Junio 2000.
- FRANCISCO JAVIER ROS FERRANDO. Edita: Francisco Javier Ros Ferrando. ISBN: 978-84-614-9714-0.
- FRANCISCO JOSE RODRÍGUEZ VINCEIRO, JOSE ENRIQUE MARQUEZ ROMERO. Dataciones absolutas para la prehistoria reciente de la provincia de Málaga: Una revisión crítica.
- FRANCISCO OJEDA VILLAREJO. La Cueva de la Pileta. Revista JAVEGA Nº 4. DICIEMBRE 1973. DIPUTACIÓN DE MALAGA.
- G.M.GHIDINI. Hombres, cavernas y abismos. Colección ciencia y aventura. Vicens-Vives. 1964. Barcelona.
- GREGORI CURTIS. Los pintores de las cavernas. El misterio de los primeros artistas. Ed. Turner Noema. 2006. Madrid.
- GRUPO ATENEA. Los ritos de iniciación. grupoatenealaplata.blogspot.com.es/2009/02/los-ritos-de-iniciacion_7808.html
- http://arqueologiaalicante.blogspot.com.es/2012/10/cueva-del-parpallo-gandia-valencia.html
- http://paleorama.wordpress.com/tag/cova-forada/
- http://roderic.uv.es/handle/10550/23551
- II.COSMOGONIAS ANTIGUAS. http://bibliotecadigital.ilce.edu.mx/sites/ciencia/volumen3/ciencia3/155/htm/sec_6.htm
- JEAN CLOTTES. DAVID LEWIS-WILLIAMS. Los chamanes de la prehistoria, tránsito y magia en las cuevas decoradas. Ariel. Barcelona.1996.
- JEAN PIERRE VERDET. El cielo, ¿caos o armonía? Aguilar Universal.1989. Madrid.
- JESÚS ÁVILA GRANADOS. La mitología templaria. Martínez Roca. 2003. Madrid.

- JOSÉ APARICIO. La mujer en la prehistoria y protohistoria. SEAV. Serie popular nº15. Diputación Provincial de Valencia. 2012.
- JOSÉ APARICIO. Serie Varia VI. Diputación provincial de Valencia.2007.
- JOSÉ APARICIO. Viaje al patrimonio histórico artístico y arqueológico (tangible o intangible). SEAV. Serie Popular nº12. Diputación Provincial de Valencia. 2012.
- JOSE BULLÓN JIMÉNEZ. Cueva de la Pileta. La serranía ronda. 2010.
- JOSE DONAT ZOPO. Los canales triásicos valencianos. (Del Grupo Espeleológico Vilanova y Piera de la Diputación Provincial de Valencia).
- JOSÉ LULL. La alineación solar del equinoccio en la Cova del Parpalló. Una nueva aproximación arqueoastronómica. Marzo-Abril 2014. Gandía.
- JOSE MARIA BERMÚDEZ DE CASTRO. Hijos de un tiempo perdido. Ares y Mares. Barcelona. 2004.
- JOSEPH Mª FERICGLA. El chamanismo como sistema adaptante. Instituto de prospectiva antropológica. Fundación Bosh y Gimpera/Universidad de Barcelona.
- JUAN A. BELMONTE. MICHAEL HOSKIN. Reflejos del cosmos. Atlas de arqueoastronomía del mediterráneo antiguo. Equipo Sirius 2002. Madrid.
- JUAN GARCIA ATIENZA. Guía de la España Templaria. Arín. 1985. Barcelona.
- JUAN IGNACIO CUESTA MILLÁN. Lugares de poder. Los enclaves donde el hombre transciende. Nowtilus. 1996
- JUAN VAN DEN EYNDE. Joyas de la arqueología, nuestro patrimonio cultural. Ediciones Rueda. 2003. Madrid.

- JULIO GONZALEZ ALCALDE. Cuevas refugio y cuevas santuario en Castellón y Valencia: espacios de resguardo y entornos iniciáticos en el mundo ibérico. Quadernos prehistoria y arqueología Castellón, 23. 2002-2003.
- KAREL SKLENAR. La vida en la prehistoria. Susaeta. s.a. Checoslovaquia. 1990.
- Mª LUISA CERDEÑO ET AL. Los estudios de arqueoastronomía en España: el estado de la cuestión TRABAJOS DE PREHISTORIA 63, No 2, Julio-Diciembre 2006,pp. 13-34, ISSN: 0082-5638
- MANUEL ALMENDRO. Michael Harner: la experiencia chamánica permite tocar a Dios, tocar el Universo. Artículo Revista. 1988.
- MARIA FRANCIA GALIANA BOTELLA, PALMIRA TORREGROSA JIMÉNEZ. Los abrigos rupestres del Racó de Cortes y de la Cova de la Romera (Orxeta, Alicante): Aportaciones al arte neolítico de las comarcas centro meridionales valencianas.
- MARIO MENÉNDEZ, MARTI MAS Y ALBERTO MINGO. El arte en la prehistoria. Universidad Nacional de Educación a distancia. Madrid. 2009.
- MAURO S.HERNÁNDEZ PÉREZ Y RAFAEL MARTINEZ VALLE. Museos al aire libre, arte rupestre del macizo del Caroig. Edita Asociación para la promoción socioeconómica de los municipios del macizo del Caroig.
- MICHAEL HARNER. El chamanismo y su curación. www.onirogenia.com. 1998. MANUEL ALMENDRO.
- MIRCEA ELIADE. El chamanismo y las técnicas arcaicas del éxtasis. 1976. Fondo de cultura europea.
- MIRCEA ELIADE. Iniciaciones Místicas. Taurus. Madrid.

- MIRCEA ELIADE. Lo sagrado y lo profano. Paidos Ibérica. Barcelona.1998.
- NOÉ JIMÉNEZ GONZALEZ. Estudio de las características acústicas de la Cueva del Parpalló. Gandía. 2007. Universidad Politécnica de Valencia. Trabajo de fin de carrera.
- OLIVIER BEIGBEDER. La simbología. Oikos-tau. Barcelona.1971.
- PEDRO A. SAURA RAMOS. Altamira. Lunwerg Editores. 1998. Barcelona. Madrid.
- PETER KINGSLEY. En los oscuros lugares del saber. Atalanta. SL. Girona. España. 2010.
- PIERRE BOURGE Y JEAN LACROUX. Observar el cielo. Guía Larousse de astronomía.2004. Barcelona.
- SAMAELAUN WEOR. Tratado esotérico de astrología hermética. Ediciones gnósticas. ISBN: 9788488625243
- SCOTT LITTLETON. Mitología. Blume. Barcelona. 2004.
- TRINIDAD MARTINEZ RUBIO, XIMO MARTORELL BRIZ. La senda heredada: Contribución al estudio de red de caminos óptimos entre yacimientos de hábitat y arte rupestre neolíticos en e Macizo del Caroig, (Valencia. ISNN: 0514-7336. 2012.
- VALENTIN VILLAVERDE, JOSE PÉREZ, ANTONIO CARLOS LEDO. Historia de Xátiva Vol. 1. Prehistoria, arqueología y antigüedad. Xátiva 2009.
- VALENTIN VILLAVERDE. Arte paleolítico de la Cova del Parpalló. Estudio de la colección de plaquetas y cantos grabados y pintados. Volúmenes I-II. SIP. Diputación de Valencia. 1994. Valencia.

- VALENTIN VILLAVERDE. El arte de los cazadores recolectores del paleolítico superior. Departamento de prehistoria y arqueología. Universitat de Valencia.
- VALENTIN VILLAVERDE. El paleolítico superior en el País Valenciano. Novedades y perspectivas. El paleolítico superior peninsular. Novedades del siglo XXI. Barcelona 2010.
- WALTER MAIOLI. Los orígenes del sonido y de la música. Jaca book. 1991. Milán.
- WARD RUTHERFORD. Chamanismo, los fundamentos de la magia. Edaf 1989. Madrid.
- WWW.AVIZORA.COM. CHAMANISMO
- XIMO MARTORELL BRIZ. Arte y territorio en el Río Grande. La canal de Navarrés, Valencia. Área de Prehistoria. Universidad de Alicante.
- I.E.S. "Flavio Irnitano" – El Saucejo (Sevilla) Curso 2.013-2.014. Departamento de Ciencias Naturales NIVEL: 2º Bachillerato. ASIGNATURA: CIENCIAS DE LA TIERRA Y MEDIOAMBIENTALES
- http://es.wikipedia.org/wiki/Dataci%C3%B3n_urani o-torio
- LACARRA, JULIO; SÁNCHEZ XIMO; JARQUE FRANCESC. Libro primero. Las observaciones de Cavanilles doscientos años después. Edición Bancaja 1995.
- LACARRA, JULIO; SÁNCHEZ XIMO; JARQUE FRANCESC. Libro segundo. Las observaciones de Cavanilles doscientos años después. Edición Bancaja 1995.
- LACARRA, JULIO; SÁNCHEZ XIMO; JARQUE FRANCESC. Libro tercero. Las observaciones de Cavanilles doscientos años después. Edición Bancaja 1995.

- LACARRA, JULIO; SÁNCHEZ XIMO; JARQUE FRANCESC. Libro cuarto. Las observaciones de Cavanilles doscientos años después. Edición Bancaja 1995.
- JOSE ALCAZAR, NATALIO BAYO. El hombre fósil. Penthalon. ISBN: 84-86411-04-1
- MARCOS ANTONIO RAMOS. Historia de las religiones. Ed. Playor. 1989. Madrid.

AGRADECIMIENTOS

A Oscar por permitirnos disfrutar del solsticio de invierno en la Cueva, acompañarnos y sobre todo por su confianza y amistad.

A José Aparicio por brindarnos toda la información que necesitábamos.

A Neónimus por la información aportada.

A Fran, por compartir su experiencia iniciática.

Y sobre todo a "Los Arqueros del Abrigo del Voro" y al paraje de los Charcos de Quesa, por despertar en nosotros, aquella mañana de abril de 2013, la inquietud que nos ha guiado en esta búsqueda a través de la Prehistoria y la magia del Arte Rupestre y que sigue presente en la actualidad.

NOTA DE AUTORA

Este libro ha sido escrito entre los años 2013 y 2014. Lo que aconteció después, los nuevos descubrimientos, las nuevas investigaciones, los conocimientos adquiridos, el Máster en Prehistoria y Arqueología y la visita a otras muchas cuevas y enclaves prehistóricos de España en años sucesivos, aparecerá reflejado en los siguientes libros de la colección Viajes a la Prehistoria.

www.ingramcontent.com/pod-product-compliance
Lightning Source LLC
Chambersburg PA
CBHW030429290526
45786CB00001B/211